Pequenas palestras sobre grandes temas

FUNDAÇÃO EDITORA DA UNESP

Presidente do Conselho Curador
Herman Voorwald

Diretor-Presidente
José Castilho Marques Neto

Editor-Executivo
Jézio Hernani Bomfim Gutierre

Assessor Editorial
Antonio Celso Ferreira

Conselho Editorial Acadêmico
Alberto Tsuyoshi Ikeda
Célia Aparecida Ferreira Tolentino
Eda Maria Góes
Elisabeth Criscuolo Urbinati
Ildeberto Muniz de Almeida
Luiz Gonzaga Marchezan
Nilson Ghirardello
Paulo César Corrêa Borges
Sérgio Vicente Motta
Vicente Pleitez

Editores-Assistentes
Anderson Nobara
Arlete Zebber
Ligia Cosmo Cantarelli

Leszek Kołakowski

Pequenas palestras sobre grandes temas

Ensaios sobre a vida cotidiana

Três séries

Tradução
Bogna Pierzynski

© 2006 Editora UNESP
Mini Wykłady O Maxi Sprawach © 1997 by Leszek Kołakowski
Mini Wykłady O Maxi Sprawach Seria Druga © 1999 by Leszek Kołakowski
Mini Wykłady O Maxi Sprawach Seria Trzecia i Ostatnia © 2000 by Leszek Kołakowski
© 2009 da tradução brasileira
Título original: Mini Wykłady O Maxi Sprawach

Direitos de publicação reservados à:
Fundação Editora da UNESP (FEU)
Praça da Sé, 108
01001-900 – São Paulo – SP
Tel.: (0xx11) 3242-7171
Fax: (0xx11) 3242-7172
www.editoraunesp.com.br
www.livrariaunesp.com.br
feueditora.unesp.br

CIP – Brasil. Catalogação na fonte
Sindicato Nacional dos Editores de Livros, RJ

K85p

Kołakowski, Leszek, 1927-2009
  Pequenas palestras sobre grandes temas: ensaios sobre a vida cotidiana: três séries / Leszek Kołakowski; tradução Bogna Pierzynski. – São Paulo: Editora UNESP, 2009.
  280p.

  Tradução de: Mini Wykłady O Maxi Sprawach
  ISBN 978-85-7139-980-8

  1. Filosofia polonesa I. Título. II. Título: Ensaios sobre a vida cotidiana.

09-4862.
CDU: 199.438
CDU: 1(438)

Editora afiliada:

Asociación de Editoriales Universitarias
de América Latina y el Caribe

Associação Brasileira de
Editoras Universitárias

Sumário

PRIMEIRA SÉRIE
Introdução   9
Sobre o poder   11
Sobre a fama   17
Sobre a igualdade   23
Sobre a mentira   29
Sobre a tolerância   37
Sobre as viagens   43
Sobre a virtude   49
Sobre a responsabilidade coletiva   55
Sobre a roda da fortuna   61
Sobre a grande traição   67
Sobre a violência   73
Sobre a liberdade   79
Sobre o luxo   87
Sobre o tédio   93
O matemático e o místico   99

SEGUNDA SÉRIE
Introdução   109
Sobre Deus   111
Sobre o respeito pela natureza   117
Sobre as superstições   123
Sobre o riso   131
Sobre os santos   137
Sobre o terrorismo   143
Sobre a questão do sexo   149
Sobre a juventude   155
Sobre o ócio   161
Sobre a consciência   167
Sobre aquilo que é bom e verdadeiro   173
Sobre a pena capital   179
Sobre os estereótipos nacionais   185
Atormentação   189

TERCEIRA SÉRIE
Introdução   197
Sobre as dívidas   199
Sobre o perdão   205
Sobre os recordes   211
Sobre possuir a si mesmo   217
Sobre o passado e o futuro   223
Sobre a inveja   229
Sobre a justiça   235
Sobre os enterros   241
Sobre as máscaras   247
Sobre o inimigo e o amigo   255
A democracia é contrária à natureza   263
Minhas profecias sobre o tema do futuro da religião e da filosofia   271

Primeira série

Introdução

Apresentei as dez primeiras pequenas palestras aqui incluídas na televisão polonesa, onde eu aparecia na companhia de Jerzy Markuszewski. Destaquei no início que estas pequenas palestras têm dois méritos: em primeiro lugar, o fato de serem curtas, de modo que talvez os espectadores não cheguem a adormecer durante a apresentação; e, depois, o fato de não existir nelas basicamente nenhuma menção à política polonesa. Em seguida, foram publicadas, semanalmente, na *Gazeta Wyborcza*. Mais tarde, decidi incluir ainda três pequenos textos, que não apareceram nem na televisão nem na *Gazeta*, e, por fim, dois a mais, os quais, parece, combinam com o todo, e foram há tempos divulgados em dois lugares exóticos: a pequena palestra sobre a preguiça estava inserida no livro comemorativo dedicado a Stefan Morawski (*Primum Philosofari*. Oficyna Naukowa: Varsóvia, 1993); e a pequena palestra sobre o matemático e o místico apareceu na sequência no livro comemorativo dedicado a Jacek Woźniakowski (*Fermentum Massae Mundi*. Agora: Varsóvia, 1990). E basta de esclarecimentos.

Sobre o poder

Um antigo chanceler do Tesouro britânico, quando questionado em um programa de televisão se gostaria de se tornar primeiro-ministro, respondeu, com alguma surpresa, que certamente qualquer um gostaria de se tornar primeiro-ministro. Isso me surpreendeu, já que não estou absolutamente convencido de que todas as pessoas gostariam de ser primeiro-ministro. Ao contrário, há uma infinidade de pessoas que de forma alguma sonhariam com esse cargo – não porque não teriam nenhuma chance para tal, porque são "uvas verdes", mas, sim, porque considerariam esse trabalho terrível: uma grande dor de cabeça, uma responsabilidade enorme e a certeza de que, não importa o que faça, estará exposta a ataques e ridicularizações durante todo o tempo e de que as piores intenções possíveis serão imputadas sobre ela.

Portanto, será ou não verdade que "todos buscam o poder"? Isso depende de quão amplamente entendemos o significado da palavra "poder". Em seu sentido lato, refere-se a tudo aquilo que nos permite influenciar o meio ambiente – natural ou humano – para que tome a direção desejada. Uma pequena criança, ao ficar em pé sozinha pela primeira vez ou ao começar a andar, obtém certo nível de poder sobre o seu corpo – sua satisfação é visível. De modo geral, pode-se afirmar que todos nós preferiríamos ter mais controle sobre as funções do nosso corpo – aquelas que podem ser controladas, como músculos e articulações. De maneira similar, quando aprendemos um idioma estrangeiro, ou a jogar xadrez, ou a nadar, ou algum conhecimento no campo da matemática, estamos adquirindo competências graças às quais dominamos certa área de cultura.

Esse amplo conceito de poder tem sido a base de teorias segundo as quais tudo nas atitudes humanas é movido pelo desejo de poder em suas várias manifestações. De acordo com essas teorias, todas as nossas motivações não passam de aspirações pelo poder – a essência da energia humana. As pessoas buscam riqueza porque ela lhes dá poder, não apenas sobre as coisas, mas também – por vezes, significativo – sobre outras pessoas. Até o sexo pode se traduzir em categorias de poder, seja porque queremos possuir o corpo de outra pessoa – e, portanto, possuímos a pessoa completamente –, seja porque achamos que, ao possuí-lo, impedimos outros de fazê-lo; ambas as situações nos permitem a satisfação do poder que exercemos sobre alguém. O sexo, claro, é uma invenção da natureza pré-humana, e, de acordo com essas teorias, o desejo pelo poder é um instinto que permeia todo o mundo natural, não importa a forma modelada pela cultura que ele possa assumir na sociedade humana.

É possível, com certo esforço, explicar até mesmo atitudes altruístas com base no poder: quando agimos de maneira benevolente em relação a outras pessoas, somos motivados, saibamos ou não, por um desejo de exercer controle sobre suas vidas, pois nossa atitude de benevolência as coloca parcialmente em nosso poder. Tudo na vida é motivado pela busca do poder. Não há nada além disso; o restante é autoengano.

Teorias como essas, de aparência confiável e cujo objetivo é expor a verdade, explicam muito pouco. Qualquer teoria que tente explicar o comportamento humano com base em uma única motivação ou que afirme que toda vida social é inspirada por uma força motriz pode ser considerada. Entretanto, isso demonstra que todas elas não passam de construções filosóficas que, no fim, têm muito pouca utilidade. Dizer, por exemplo, que as motivações são as mesmas se o homem se sacrifica pelo irmão ou se o tortura não nos leva muito longe, já que não existem conceitos válidos com os quais poderíamos avaliar essas ações ou simplesmente diferenciá-las; sua essência, não importa quão diferente pareça, é exatamente a mesma. Tais teorias, no entanto, têm sua utilidade: atos comprometedores não pesarão tanto na consciência se alguém reflete que todas as outras pessoas são iguais.

Encontramos uma tentação mental similar nas correntes do pensamento cristão – hoje raras, mas, no passado, bastante frequentes, segundo as quais, não importa o que façamos, sempre faremos o mal caso nos falte a inspiração divina, e, caso a tenhamos, faremos o bem por obrigação. Disso tudo também resulta que, quando não temos essa inspiração, tanto faz se ajudamos os irmãos ou se os torturamos; vamos para o inferno, como também foram todos os pagãos, mesmo os mais nobres.

Nessas teorias sempre se busca uma única chave que abra todas as portas. Porém tal chave não existe. A cultura cresce por meio da diversificação, do surgimento de novas necessidades e da liberação das antigas.

Essas teorias a respeito de que todas as nossas ações são motivadas essencialmente pelo desejo de poder são ingênuas e pouco explicam. Porém, ninguém contestará que o poder é um bem altamente desejado. Geralmente, quando falamos de poder, pensamos em um conceito mais estreito que este do qual temos tratado, isto é, no poder que se baseia nos meios pelos quais podemos influenciar – seja pela força ou ameaça da força – o comportamento das pessoas e controlar as ações delas conforme suas intenções (individuais ou coletivas). O poder nesse sentido significa a presença de ferramentas organizadas de coerção e, no mundo de hoje, do país. Será que cada um de nós deseja o poder dessa maneira? Certamente, cada um de nós gostaria que as outras pessoas se comportassem da forma que consideramos apropriada, isto é, de acordo com o nosso conceito de justiça ou o modo que nos é mais conveniente. Disso não se conclui, entretanto, que cada um gostaria de ser um rei. Como diz Pascal, somente um rei que perdeu o trono está infeliz por não ser rei.

Como é sabido, o poder corrompe – não sempre, mas com muita frequência –, embora haja exceções; e as pessoas que por algum tempo possuíram uma dose significativa de poder, ao final sentem que o poder lhes pertence por direito, da mesma forma que os antigos monarcas acreditavam que seu poder provinha de desígnios divinos. Se, por algum motivo, as pessoas o perdem, consideram o fato uma verdadeira catástrofe cósmica. Além disso, também é de conhecimento de todos que a luta pelo poder é a fonte principal das guerras e de todas as atrocidades do mundo. A existência de tais males ligados ao poder, naturalmente, propiciou utopias anárquicas infantis que encontraram como remédio salvador a aniquilação total do poder. Todavia, tais utopias são por vezes propagadas por pensadores que tomam o conceito de poder em seu sentido mais amplo, dizendo, por exemplo, que o poder dos pais sobre os filhos é em sua essência uma terrível tirania: poderia se concluir então que, quando os pais ensinam a língua paterna aos filhos, estão perpetrando sobre eles uma violência tirânica, tirando-lhes a liberdade, e que seria melhor deixá-los em um estado animalesco, para que descobrissem sua língua, seus costumes e sua própria cultura.

Contudo, a anarquia menos absurda pensa na derrubada do poder político: se todos os governos, as administrações e as leis fossem banidos, a humanidade viveria em um estado natural de paz e fraternidade.

Felizmente, fazer uma revolução anárquica por encomenda é bem improvável: a anarquia surge quando, por quaisquer motivos, despedaçam-se todos os órgãos do poder e ninguém controla a situação. O resultado tem que ser tal que qualquer força desejosa do poder unicamente para si – e essas forças sempre existem – aproveita a desorganização generalizada e a desmoralização, e impõe a própria ordem despótica. O exemplo mais espetacular disso foi a Revolução Russa, quando o regime despótico dos bolcheviques tomou o poder graças à anarquia generalizada da sociedade. Na prática, a anarquia está a serviço da tirania.

O poder não pode ser abolido; pode-se tão somente substituir um tipo de governo pior por outro melhor, ou, às vezes, ao contrário. Infelizmente, não é verdade que, se não houvesse poder político, viveríamos em uma fraternidade repleta de paz. Os interesses das pessoas divergem na essência, e não por acaso, já que é possível afirmar que carregamos em nós boa dose de agressividade, e que não há limites para nossas necessidades e desejos. Então, caso, por milagre, as instituições de poder político desaparecessem, o resultado não seria uma grande fraternidade, mas, sim, uma grande carnificina.

Não houve e não haverá no sentido literal o "poder do povo": eis algo, na verdade, tecnicamente irrealizável. Podem apenas existir variadas ferramentas com a ajuda das quais o povo olha as mãos do poder e está em condições de substituí-lo por outro. De fato, quando o poder já está instalado, sofremos variadas limitações e, em diversas áreas importantes, não temos escolha. Por exemplo, não temos escolha quanto a mandar ou não nossos filhos para a escola, pagar os impostos ou não, prestar ou não o exame para obter a carteira de motorista (caso se queira dirigir um veículo), e o mesmo se aplica a milhares de outras situações.

O controle do povo sobre o poder não acontece sem erros. O poder eleito democraticamente também está sujeito à corrupção; suas decisões frequentemente divergem dos desejos da maioria. Nenhum governo consegue satisfazer a todos. Essas são coisas banais, conhecidas por todos nós. As ferramentas que o povo tem para o controle do poder nunca são excelentes, e as mais eficazes que a humanidade inventou até o momento para impedir uma tirania arbitrária são, precisamente: manter as ferramentas de supervisão do poder pela sociedade e limitar a abrangência do poder do país àquilo que é de fato essencial para que a ordem da sociedade seja preservada. Querer regular todas as áreas de nossas vidas, afinal de contas, é o que faz um poder totalitário.

Além disso, podemos – e devemos – tratar os órgãos de poder político com desconfiança, acompanhá-los o máximo possível e, se preciso for, reclamar deles (e isso é sempre necessário). Não deveríamos, no entanto, reclamar da existência ou da presença do poder, a não ser que inventemos outro mundo; muitos tentaram, mas ninguém teve sucesso.

Sobre a fama

A fama, como se sabe, é um dos bens mais desejados entre as pessoas. É uma verdade tão óbvia que não vale a pena buscar as razões de a fama ter tanta fama. Ser famoso, por qualquer que seja o motivo, significa provar e consolidar a si mesmo, e a autoafirmação nos parece uma necessidade humana bastante natural.

A sede pela fama, no entanto, não é universal, apesar do fato de ser um objetivo perseguido obsessivamente em nossa civilização. Alguns filósofos antigos – famosos, evidentemente –, em especial os estoicos e os epicuristas, pregavam que a fama era algo a ser evitado e nos aconselhavam a viver escondidos e alegres por sermos desconhecidos. A fama possui, seguramente, seu lado difícil, mas as pessoas famosas, que se queixam de que essa condição lhes atrapalha bastante a vida, em geral não são confiáveis, porque ao mesmo tempo fazem tudo para aparecer na televisão e ser mencionadas nos noticiários.

Todavia, há muitas pessoas que realmente não buscam a fama – seja porque sentem necessidade de anonimato e não gostam de se expor, seja porque não se têm em alta conta. Como sabemos, a fama com frequência, embora nem sempre, traz riqueza: como no caso de atores conhecidos, diretores de cinema, cantores de rock, esportistas etc. A maioria das pessoas, entretanto, persegue a fama por ela mesma, não somente pelas outras vantagens trazidas por ela – conforme ensina o imortal exemplo de Heróstrato, que, segundo a lenda, incendiou o templo de Diana unicamente para obter fama (no que teve extraordinário sucesso, afinal, depois de tantos séculos, seu nome ainda é lembrado). Até hoje, muitas vezes, adolescentes e crianças repetem essa atitude, cometendo algum crime horrível, após assistir a algo semelhante em filmes no cinema, basicamente para se tornarem famosos. No entanto, existem pessoas muito ricas que evitam a publicidade e se mantêm nas sombras. A fama, de certa forma, é considerada um objeto de desejo por si só, e não apenas um meio para obter outros bens.

Por sua própria natureza, essa condição não premia muitos: a raridade faz parte de sua definição. É conhecida a frase de Andy Warhol – um homem famoso – de que no futuro cada um de nós terá seus quinze minutos de fama. Isso, entretanto, não faz sentido por duas razões: primeiro porque, como um simples cálculo pode nos mostrar, se nos fossem dados nossos quinze minutos de fama, talvez por meio de uma televisão com alcance global que não fizesse outra coisa por 24 horas diárias além de mostrar sequencialmente os aspirantes a esses quinze minutos, e dada a população mundial, levaria aproximadamente duzentos mil anos para que todos fossem vistos. Segundo, mesmo propondo essa igualdade absurda, ninguém seria famoso. A fama deve ser rara e dada a poucos. Por isso também é inevitável que, entre os que a buscam, somente alguns poucos consigam sua meta, e a maioria se decepcione. Eles terão desperdiçado muito tempo e esforço fazendo da busca pela fama o objetivo de suas vidas. Na verdade, há muitos bens que as pessoas perseguem, mas raramente alcançam; ainda assim acreditam no valor do esforço de sua busca, apesar da improbabilidade de consegui--los. Milhões de pessoas jogam na loteria, mesmo sabendo que as chances de ganhar são mínimas. Contudo, jogar na loteria é bastante barato (exceto para os jogadores patológicos) e, de modo geral, não toma muito tempo nem esforço; já aspirar à fama requer grande esforço, e em geral termina em insucesso.

Há muitos níveis de fama; tantos que é impossível determinar precisamente quem é famoso de verdade e quem não é. Se não considerarmos aqueles que são famosos por ofício, como os presidentes e primeiros-ministros de países importantes, os papas e reis, talvez se possa dizer que, hoje em dia, a fama normalmente é proporcional ao tempo e à frequência em que as pessoas aparecem na televisão e nas telas de cinema. Nos Estados Unidos, todos conhecem os nomes e os rostos dos apresentadores de telejornais e de programas de televisão. Podemos reconhecer facilmente a imagem de Jack Nicholson ou de Emma Thompson; já ouvimos falar de Antonioni e Wajda. Conhecemos os nomes de alguns cientistas da primeira metade do século XX, como Einstein, Planck, Bohr ou Marie Curie-Sklodowska. Entretanto, quantos de nós, que não são físicos nem químicos, conseguiria citar os nomes dos laureados com o Prêmio Nobel de física e química nos últimos quarenta anos? Não sabemos seus nomes; de modo geral, não sabemos nem mesmo o que fizeram de importante e em que área. Apenas estamos convencidos de que são pessoas ilustres e de muito mérito. Mas não são famosos, pois somente alguns de nós já ouviu falar deles.

Essas reflexões podem nos dar a tola ideia de que a fama é, de alguma maneira, "injustamente" distribuída. Digo tola porque não sabemos com o que a divisão "justa" da fama se pareceria ou como poderíamos organizá-la.

Assim são as coisas: um campeão de boxe semianalfabeto pode ser famoso no mundo inteiro; agora, um grande cientista, que verdadeiramente trabalha em benefício da humanidade, é conhecido somente por alguns. Todavia, o que haveria de mal nisso? Por que a fama deveria ser o merecido prêmio por destacados sucessos intelectuais, e não por resultados no atletismo ou por uma apresentação de programas de televisão benfeita? Em geral, a fama é pura questão de sorte – até o ganhador da loteria pode se tornar famoso por um período sem nenhum esforço ou mérito. É muito comum que nós mesmos, o público, tornemos alguém famoso, como uma atriz, por exemplo; basta que assistamos a seus filmes. Muitas pessoas chegaram à fama apenas porque tinham algum tipo de relação com pessoas famosas, como foi o caso de Xantipa, Theo van Gogh e Pilates. E o que há de mal nisso? Não, não faz sentido reclamar de uma divisão "injusta" da fama. Afinal, a fama não é e não pode ser uma recompensa pela nobreza, pela sabedoria, pela coragem ou por qualquer outra virtude. Simplesmente não é e nunca será.

Caso nossas vidas não fossem, em grande escala, imprevisíveis, seriam completamente entediantes, embora seja verdade que o acaso atue com muito mais frequência contra nós que a nosso favor.

O universo também não se encontra organizado em bases justas de recompensas; tampouco sabemos o que aconteceria se fossem distribuídas de outra forma. Pode ser que no céu as regras para fama e glória sejam diferentes. Talvez lá, os famosos, isto é, aqueles elevados aos níveis mais altos, sejam pessoas das quais ninguém ouviu falar aqui na terra. Podemos dizer que aqueles que persistem nessa condição fervorosamente neste mundo e são consumidos por uma inveja furiosa daqueles que o acaso premiou com a fama não estarão entre eles no céu. Os inúmeros grupos de indivíduos consumidos pelo desespero por não terem ganho o Prêmio Nobel ou por não terem se tornado presidentes norte-americanos, todos aqueles que cultivam o ressentimento pela falta de recompensa que obviamente mereciam não deveriam buscar consolo na ideia de que o céu os premiará por sua dor.

Ademais, é improvável que Deus nos cubra de glória em virtude de nossa inveja e vaidade.

O desejo da fama e o sentimento de injustiça por não a possuir é, evidentemente, um produto da vaidade, e não tem nada a ver com inteligência. Há séculos já sabiam os moralistas que nosso intelecto perde muitas posições quando enfrenta a vaidade e o ego. Por certo já encontramos pessoas com inteligência excepcional das quais todos fogem como de uma doença porque são cheios de si e prepotentes; esse tipo de gente arrogante que nos enche com suas lições e conselhos desnecessários e que, quando fugimos deles, fingem que não percebem ou atribuem isso a sua enorme superioridade mental e moral. Conhecemos outros, também com elevado quociente de inteligência, que continuamente se queixam de não serem valorizados pela humanidade, apesar de sua grande sabedoria e visão de mundo, e se recusam a perceber quão ridículos parecem.

Há os que bancam mártires e cobram nossa simpatia o tempo todo, embora, considerando o século em que vivemos, também se recusem a ver como são ridículos.

Existem alguns homens perfeitamente inteligentes que dão a entender, o tempo inteiro, que todas as mulheres do mundo têm apenas um desejo: ir para a cama com eles. O bom-senso não ganha da vaidade, e é bom lembrar que a palavra "vaidade", não por acaso – e não apenas no idioma polonês[1] –, está ligada a "vazio".

Contudo, a persistência pela fama não precisa ser necessariamente algo condenável ou deplorável se estiver sob duas condições. Em primeiro lugar, se a fama for secundária em relação ao objetivo principal, exatamente onde os nossos esforços deveriam se concentrar, mesmo que ficássemos tentados pela possibilidade de nos tornar famosos. Em segundo lugar,

---

[1] Idioma original da obra. (N. E.)

quando a fama não se torna uma obsessão plena de inveja, que quase sempre é fútil e pode engendrar sentimentos destrutivos e ressentimentos contra o mundo capazes de arruinar a vida de alguém. De qualquer forma, é melhor não pensar na fama, mas se contentar com o afeto e o respeito de seu pequeno círculo familiar e de bons amigos.

Sobre a igualdade

Consideremos o significado do dito – que já soou revolucionário, mas hoje é banal – "todas as pessoas são iguais". Não se trata de uma injunção. Não significa que todos *deveriam* ser tratados de forma igual aos olhos da lei. Se assim fosse, alguém poderia responder que tal afirmação, por si só, é arbitrária: por que, afinal, a lei deveria tratar a todos com igualdade? Não, essa ordem é expressa justamente como apoio à declaração de que as pessoas são iguais, e que, por tal razão, o direito deve ser igual para todos. A base dessa norma é, portanto, um certo estado factual. Agora, que fato é esse, e como podemos afirmar que ele realmente acontece?

Muitos tentam negar a verdade de que todos são iguais dizendo que, afinal, as pessoas se diferenciam sob vários aspectos – quanto à eficiência, ao conhecimento e ao caráter – e que, portanto, não podem ser iguais. Mas estão enganados. É de conhecimento geral que as pessoas não são idênticas e que diferem em uma infinidade de aspectos. Isso é sabido inclusive por aqueles que propagam a igualdade como um fato seguro, independentemente dessas diferenças. Portanto, não faz sentido negar que somos iguais apelando para nossas diferenças, pois isso não tem nada a ver com a ideia de igualdade que têm em mente aqueles que a defendem.

Também não tem a ver com a concepção de que somos iguais com base no fato de que pertencemos à mesma espécie, de que compartilhamos características biológicas e de que possuímos qualidades morfológicas e fisiológicas similares. Se fosse verdade, poderíamos também dizer que "todos os gansos são iguais", ou "todas as moscas são iguais", "todas as urticárias são iguais". Entretanto, não falamos assim, nem sabemos qual seria o significado de tais frases. As pessoas é que são iguais, e não as moscas.

Os pensadores iluministas acreditavam que todos nasciam iguais e que todas as diferenças entre eles provinham da educação e das influências do ambiente. Hoje não se pode mais crer nessa conjetura, pois sabemos que as pessoas nascem com diferentes bagagens genéticas e que, apesar de haver muito ainda a ser descoberto e explicado sobre a genética humana, não há dúvidas de que diferimos uns dos outros em virtude de nossas características herdadas, e não apenas por causa da educação que recebemos. Na verdade, somos produtos dessa combinação. Ninguém pode garantir que toda a carreira de Hitler estivesse detalhada em seus genes, ou que cada ato ou pensamento de Madre Teresa estivesse gravado nos dela. Seguramente, alguém pode admitir que há certos traços herdados que possibilitam que uma pessoa se torne mais parecida com Madre Teresa que com Hitler, ou o contrário. Ambos não só pertencem à mesma espécie biológica como, em um certo sentido, cujo esclarecimento é justamente o que estamos buscando, são iguais a todos, têm *igualdade*. Porém, no nível mais elevado, são diferentes.

Certamente pode-se clamar a igualdade humana apoiando-se na tradição cristã – mas não somente na cristã. Nesse sentido, dizemos que todas as pessoas são filhas do mesmo pai e que serão julgadas por Deus segundo as mesmas medidas – sejam letradas ou não, pobres ou ricas, nascidas aqui ou ali, independentemente da classe à qual pertençam. São, portanto, iguais como objetos morais, aos quais Deus manifestou certas ordens do direito natural e capacitou para que, de vontade própria, as cumprissem ou as infringissem.

Será possível, porém, anunciar a igualdade como um fato, e não apenas como injunção, independentemente da crença de que somos iguais apenas perante os olhos de Deus? Creio que sim, mas isso exige algumas suposições de natureza moral e também relativas à constituição da humanidade. Ao dizer que as pessoas são iguais, temos em mente que são iguais em dignidade humana, que todos nós possuímos e que ninguém tem o direito de violar. E o que é, afinal, a dignidade humana, a qual, segundo diziam certos filósofos, mantém-se inseparável de nossa capacidade de raciocinar ou de fazer escolhas livres – em particular, a escolha entre o bem e o mal? A dignidade humana certamente não é algo que se possa ver, e é mais fácil abarcá-la quando está sendo violada do que descrever exatamente sua essência.

Podemos entender melhor o tema se nos limitarmos a um aspecto do problema: a nossa ideia do homem como um ser que é capaz de, com a própria força, independentemente de fatores e circunstâncias externas, escolher entre o bem e o mal. (Deixemos de lado o caso particular das pessoas infelizes, muito incapacitadas, sem condição de participar da cultura e totalmente dependentes de outros.) As pessoas são capazes de fazer escolhas e assumir a responsabilidade pelo que fazem – de bom ou de ruim. E essa mesma capacidade, e não a forma como a usam, as faz iguais em dignidade.

A humanidade, como um todo, é algo digno de respeito. Sendo assim, cada pessoa individualmente é digna de respeito. Não há nada particularmente controverso nisso. Mas será que isso implica alguma especificidade sobre o modo como deveríamos tratar aqueles que usam a sua liberdade para matar, violentar, torturar, humilhar e desprezar a dignidade dos outros? Pelo menos, conclui-se que mesmo os piores seres humanos, aqueles que merecem ser punidos ou presos pelos crimes que cometeram, devem ser tratados com dignidade, pois esta independe de tudo aquilo que diferencia as pessoas, ou seja, o sexo, a raça, a nacionalidade, a educação que receberam, sua profissão e seu caráter.

Se por acaso acreditássemos que somos meros autômatos, cujos atos e pensamentos dependem completamente de forças externas e de determinadas circunstâncias, no universo físico, então basicamente o conceito de dignidade seria vão, e, em consequência, o conceito de igualdade não teria sentido.

A partir do fato de que somos iguais dentro desse conceito, é certo que a desigualdade em relação ao direito seja realmente contrária à dignidade humana. Não resulta, contudo, que devamos também exigir a igualdade no sentido de divisão igualitária dos bens. A igualdade assim compreendida, na divisão dos bens, foi obviamente muitas vezes pregada – primeiro por várias seitas na Idade Média, em seguida, pela esquerda jacobina durante a Revolução Francesa, no século XIX, e depois por alguns grupos do movimento socialista. A razão é bastante simples: uma vez que as pessoas são iguais, cada uma merece a mesma quantidade de bens na terra. Entretanto, em algumas variantes do igualitarismo, dizia-se que a igualdade é o valor maior, e que, portanto, deve-se buscá-la mesmo quando, como consequência da implantação da igualdade, as coisas pioram para as pessoas, inclusive para as mais pobres. Não importa que mesmo os mais pobres se tornem ainda mais pobres, desde que ninguém seja mais rico que o outro. Mas esse não é um bom raciocínio.

Nessa ideologia, não importa absolutamente que as pessoas vivam melhor, mas somente que ninguém viva melhor que o outro; portanto, não é uma ideologia inspirada pela justiça, mas pela inveja. Existe uma anedota russa em que Deus diz a um agricultor: "Você terá tudo o que quiser, mas saiba que tudo aquilo que pedir e conseguir o seu vizinho terá em dobro. O que você quer?". O homem responde: "Senhor Deus, tire-me um olho". Aí está o verdadeiro igualitarismo.

A igualdade é, na verdade, um ideal impossível. Para introduzi-la, seria necessário entregar toda a administração à coação totalitária; tudo teria de ser planejado pelo país, ninguém teria o direito de iniciar nenhuma atividade a não ser sob ordem do Estado, ninguém teria motivo para esforçar-se ou trabalhar mais do que fosse obrigado. Como resultado, não somente toda a administração seria um desastre, mas também não haveria igualdade, porque, em um sistema totalitário, a desigualdade é inevitável. Sabemos disso por experiência, pois aqueles que governam sem controle social sempre proporcionarão a si próprios bens materiais de forma ampla, além dos bens imateriais, também muito importantes, como o acesso à informação e o compartilhamento do poder, que serão tomados da maioria das pessoas. Portanto, além de pobreza, haveria opressão.

Pode-se obviamente perguntar: seria impossível a igualdade com a distribuição de todos os bens em uma base voluntária, tanto no convento quanto no kibutz? A resposta é simples: seria possível desde que não infringisse nenhuma lei da física ou da química. Porém, isso contraria tudo o que se sabe sobre o comportamento humano – pelo menos aquele típico.

Isso não significa que a desigualdade na distribuição de bens não seja um problema sério e preocupante, particularmente onde existem enormes áreas de pobreza absoluta. A desigualdade pode ser amenizada por meio de impostos progressivos, o mecanismo mais eficaz até hoje. No entanto, sabe-se também que impostos progressivos, além de certos limites, tornam-se danosos à economia e prejudicam tanto os ricos quanto os pobres. Há de se concordar que existem certas leis da economia que não se podem invalidar. De fato, é extremamente importante que todas as pessoas possam aproveitar o que se considera uma vida decente, ou seja, uma vida em que não se passe fome, em que haja o que vestir, onde morar, onde se possa educar os filhos e na qual se tenha acesso a cuidados de saúde. Essas são as bases aceitas em geral nos países civilizados, mesmo que não sejam executadas de forma ideal. A exigência de igualdade plena na distribuição de bens é, entretanto, uma receita para a infelicidade de todos. O mercado não é justo, mas a sua derrubada significa opressão e pobreza. A igualdade da dignidade humana e a resultante igualdade de direitos e deveres são, portanto, um requisito sem o qual cairíamos na barbárie. Sem esse precedente poderíamos, por exemplo, reconhecer que outras raças ou nações podem ser dizimadas impunemente; que não há motivo para que as mulheres tenham os mesmos direitos de cidadania que os homens; que se pode simplesmente exterminar os velhos e incapazes, os quais não são úteis à sociedade etc. Nossa crença na igualdade não apenas protege a nossa civilização: ela nos torna humanos.

Sobre a mentira

A transmissão deliberada de informações falsas é, por assim dizer, uma coisa da natureza. A borboleta diz para o pássaro: "Mas eu não sou uma borboleta; sou apenas uma folha seca". A vespa diz para a abelha, guardiã da colmeia, em tom professoral: "Mas eu não sou uma vespa, e sim uma abelha, e você pode se convencer disso, abelhinha, usando o seu senso olfativo" (parece que alguns tipos de vespas fazem isso). A diferença entre essas duas mentiras é facilmente notada: elogiamos a borboleta que, fingindo-se de folha, protege sua vida do predador que pode devorá-la. Desagrada-nos, entretanto, a vespa, que se finge uma abelha para entrar na colmeia e roubar o alimento que as abelhinhas trabalhadoras juntaram.

Fazemos julgamentos morais similares com as mentiras que as pessoas contam: algumas nos desagradam; outras, julgamos aceitáveis. Alguns filósofos – Kant e Santo Agostinho – defendiam posições morais extremas em que a mentira é estritamente proibida. Contudo, essa moral imperativa, segundo a qual em nenhuma circunstância é permitido mentir, é, em face das complicações humanas, não só impossível, mas, o que é pior, conflitante com a ordem de gentileza com os nossos próximos ou com o interesse público. Naturalmente, nos vem à cabeça a guerra como uma circunstância em que enganar o inimigo é parte essencial de sua arte. O mesmo ocorre com a diplomacia e os negócios. Um exemplo bem simples, extraído da vida real, relaciona-se aos anos de ocupação durante a Segunda Guerra Mundial: se um judeu estivesse escondido em sua casa, e um soldado da SS batesse à sua porta procurando por ele, você, ou qualquer pessoa com um pingo de consciência, entregaria-o a uma morte certa em nome da nobre premissa de que nunca devemos mentir?

Os governos com frequência mentem para seus cidadãos, de maneira direta ou por omissão. É comum fazerem-no para evitar críticas ou para esconder seus erros e enganos. Às vezes, porém, são mentiras justificadas; além dos assuntos que sempre precisam ser confidenciais em virtude da segurança do país, existem mentiras verdadeiramente motivadas por um interesse da sociedade: por exemplo, se o governo está considerando a desvalorização da moeda e lhe perguntam se pretende desvalorizá-la, precisa negar, porque a antecipação da notícia ameaçaria o país com grandes perdas pela ação dos especuladores financeiros, que imediatamente se lançariam como gafanhotos sobre uma presa fácil.

Ademais, há uma tênue linha entre falsidade e virtudes sociais, como discrição e educação, e temos de admitir que, sem tais qualidades, a vida em sociedade seria muito pior do que é. Longe de respirar o puro ar da verdade, seríamos sufocados por um mundo repleto de grosserias. Não apreciamos pessoas que marcam presença sempre dizendo a verdade ou aquilo que, de maneira certa ou errada, consideram verdadeiro: nós as consideramos grosseiras.

Uma questão mais complicada e bem mais debatida diz respeito à necessidade de os médicos informarem seus pacientes quanto à gravidade de seu estado: se não os informam quanto à desesperança de sua condição, estão mentindo, diretamente ou por omissão da verdade. Os costumes variam em cada país, e não é difícil encontrarmos argumentos para ambos os lados. Entretanto, esses argumentos geralmente envolvem apelos de princípios humanitários, de interesse do paciente e de sua família, e não o valor da verdade em si.

Simplificando, o senso comum nos diz que há circunstâncias em que se indica mentir por uma boa causa. O problema, então, é como definir uma "boa causa" sem estender essa definição a tudo o que seja de nosso interesse pessoal. Nem tudo o que nos é conveniente é uma boa causa para o outro, e é difícil conceber uma definição que abarque cada provável caso.

Os defensores da proibição rigorosa da mentira dizem: se todos mentissem quando lhes conviesse ou quando lhes fosse confortável, a confiança em outras pessoas seria totalmente destruída – mas a confiança é uma condição indispensável à nossa coexistência em uma sociedade ordenada. Dessa forma, acrescentam, a mentira se voltaria contra os mentirosos, já que não se acreditaria em outras pessoas.

Esse não é um argumento insensato, mas não é convincente, caso fosse a razão para a absoluta proibição da mentira. Se nunca pudéssemos acreditar na verdade dita por outros, a vida se tornaria insuportável. Porém, uma completa decomposição da confiança mútua provavelmente não nos ameaça. Em geral, sabemos quando podemos acreditar na informação fornecida por alguém e quando, ao contrário, devemos estar atentos porque suspeitamos de que o outro tem interesse em nos enganar.

Raramente as pessoas mentem sem razão. Existem, é claro, casos de mentirosos famosos. Por exemplo, conheci um escritor que gostava de inventar histórias interessantíssimas sobre sua vida que eram modificadas dependendo da situação e dos ouvintes; ele o fazia com tanta imaginação e humor que seria deselegante contestá-lo. Contudo, embora suas histórias fossem divertidas de ouvir, todos sabiam que não poderiam levá-las a sério. Portanto, não havia risco de que alguém pudesse sofrer em razão dessa singular falha de caráter.

Há também os mentirosos patológicos, que não conseguem dizer nada verdadeiro. Modificam e distorcem tudo sem um motivo aparente e também sem imaginação. Entretanto, essas pessoas tendem a ser inofensivas, já que ninguém acredita no que dizem. No final, nós as tratamos com o desprezo que elas merecem.

Nem as mentiras tão comuns na política, nos negócios e nas guerras diminuem a confiança nas relações privadas entre as pessoas, já que aquelas que atuam nesses campos são extremamente atentas com quem poderia querer enganá-las, e sabem quando exercitar a cautela. Até as mentiras das propagandas comerciais são menos prejudiciais do que poderia parecer. Todos os países do mundo possuem leis formuladas para proteger os consumidores de propagandas falsas e enganosas. É proibido, sob as penas da lei, vender água de torneira embalada anunciando que se trata de um remédio infalível para a cura do câncer. No entanto, é permitido anunciar que o sabonete "Milagre" ou a cerveja "Boa Conversa" são os melhores do mundo. Nesse caso, o objetivo da propaganda não é fazer com que, ao escutar na televisão que o sabonete Milagre é o melhor do mundo, concluamos que isso seja verdade; não: o objetivo é gravar na nossa mente a imagem da embalagem do sabonete Milagre e nos empurrá-lo na próxima vez em que tivermos de comprar sabonete, fazendo com que nos voltemos para o produto que nos pareça familiar depois de incontáveis vezes em que assistimos à sua propaganda na televisão. A propaganda conta, certamente, com o nosso conservadorismo natural; se virmos a imagem do sabonete Milagre vezes suficientes, sentiremos que ele nos é familiar, mesmo que não seja.

Quando falamos de mentiras em política, é necessário fazer uma clara diferenciação. Mentiras em política são frequentes, mas, nos países democráticos, a liberdade de expressão e de crítica nos protege de seus efeitos nocivos. A diferença entre verdade e mentira permanece intacta. Certo ministro pode anunciar que não sabia de um fato, embora soubesse. Ele está mentindo. Portanto, se a mentira se torna pública ou não, a diferença entre o verdadeiro e o falso continua em vigor. O mesmo não pode ser dito dos países totalitários, particularmente no comunismo em seu tempo de força, ou seja, no período stalinista. Nele, a diferença entre o verdadeiro e aquilo que era politicamente correto era completamente obscura, de modo que metade das pessoas passou a acreditar nos *slogans* "politicamente corretos" que murmuravam motivados pelo medo, durante muito tempo. Mesmo os líderes políticos muitas vezes se sentiram vítimas das próprias mentiras. O objetivo era o seguinte: se pudessem causar confusão suficiente na mente das pessoas a ponto de fazê-las esquecer a diferença entre a verdade e o politicamente correto, elas passariam a acreditar que, seja lá o que fosse o politicamente correto, seria também a verdade. Desse modo, a memória histórica de uma nação inteira poderia ser alterada.

Não se tratava apenas do estabelecimento de uma mentira, mas a tentativa de aniquilar todo o conceito de verdade no sentido genuíno da palavra. Esse objetivo não foi atingido em sua plenitude, mas o vazio intelectual que esse sistema causou foi enorme, principalmente na antiga União Soviética – um pouco menos na Polônia, onde o regime totalitário nunca chegou a tal nível. A liberdade de expressão e de crítica não podia eliminar a mentira política, mas podia restaurar e proteger o sentido genuíno das palavras "falsidade", "verdade" e "veracidade".

O fato de a mentira poder ser aceitável em algumas circunstâncias e de se poder mentir por uma "boa causa" não deve ser, entretanto, um sinal de que podemos dizer: "a mentira, às vezes, é errada; às vezes, não", e deixar por isso mesmo. Essa fórmula é tão vaga que poderia justificar praticamente todas as nossas mentiras. Também não justifica que se possa desde o início educar as crianças de acordo com esse preceito. É melhor ensinar às crianças que a mentira é sempre errada, não importam as circunstâncias. Assim, elas pelo menos não se sentirão confortáveis ao mentir. Quanto ao restante, aprenderão sozinhas – de maneira rápida, fácil e sem a ajuda dos adultos.

Contudo, se a injunção absoluta contra a mentira for ineficaz e um potencial conflito com as outras pessoas – ordens morais mais importantes –, como encontrar uma regra geral que dê conta de todas as vezes em que a mentira for permissiva? A resposta, como já disse, é que não há tal princípio: nenhuma regra geral pode dar conta de cada circunstância moral concebível e providenciar uma solução infalível. Há, no entanto, certas morais que podemos traçar considerando a questão e que podem ser de grande ajuda.

A primeira moral é que deveríamos nos esforçar para não mentir para nós mesmos. Isso significa, entre outras coisas, que, quando mentimos, devemos prestar atenção ao fato. Decepcionar-se consigo mesmo é outro e importante tema, que preciso deixar de lado neste momento. Basta dizer que, quando mentimos e julgamos que o fazemos por uma boa causa, devemos estar cientes disso.

Deveríamos, em segundo lugar, nos lembrar de como justificamos a mentira para nós mesmos e do nosso conceito de "boa causa", em nome do qual mentimos, que é sempre suspeito se a "boa causa" em questão coincide com nossos próprios interesses.

Podemos, em terceiro lugar, lembrar que, mesmo quando a mentira é justificada por alguma coisa boa, ela por si própria não é moralmente boa.

Em quarto e último lugar, é bom saber que a mentira frequentemente faz mal aos outros, mas com muito mais frequência faz mal a nós mesmos, pois seus efeitos destroem nossa alma.

Lembrar-se dessas regras não nos tornará – nem mesmo a maioria de nós – santos; também não erradicará a mentira no mundo. Mas pode nos ensinar a ter cuidado quando usarmos a mentira como arma, ainda quando seja necessária.

Sobre a tolerância

A palavra "tolerância", como bem percebemos, é bastante popular hoje em dia. Mas, mesmo que a tolerância seja estimulada em nós de diversas fontes, a palavra tende, assim como muitas outras palavras populares, a ser usada de forma casual, sem cuidado e com variadas finalidades, de forma que não se sabe, no fim, o que significa. Embora essa palavra estivesse presente no latim clássico, tolerância tornou-se um problema social na Europa do século XVI, como consequência de divisões e lutas religiosas. Naquela época, tolerância significava simplesmente a não perseguição de outros por convicções e práticas religiosas. Aos defensores da tolerância importava a reforma da lei, ou seja, que o país não usasse da força para impor uma religião. Nesse sentido, os apelos por tolerância e a variedade de editais que a garantiam em vários países tornaram-se incrivelmente numerosos. Entretanto, houve o cancelamento desses mesmos editais, o retorno às perseguições, pedidos de castigo para hereges e infiéis. Sabemos que a história das lutas religiosas é marcada por incontáveis barbaridades. Pode-se, então, dizer que, nos países denominados cristãos, a luta pela tolerância foi ganha, o que está longe de acontecer em países islâmicos, onde correntes agressivas e intolerantes são muito fortes. Um ambiente de tolerância é basicamente um ambiente que não impõe nada em relação a assuntos religiosos. Ademais, esse princípio, segundo o qual o país deveria se abster de intervir em assuntos religiosos, foi amplamente aceito, até mesmo pelos países comunistas europeus, entre eles aqueles onde Igrejas, padres e fiéis passavam pelas piores repressões.

Tudo isso parece simples e até pouco controverso hoje, mas as complicações se mostram a um olhar mais atento. Para que o princípio da tolerância nesse sentido seja aceito e aplicado, precisamos não somente de leis, mas também de condições culturais, o que não se faz por encomenda. Os defensores cristãos da tolerância nos séculos XVI e XVII argumentavam que não deveríamos nos matar uns aos outros por causa das diferenças de opinião quanto à Santíssima Trindade, ao sacramento da Eucaristia, ou quanto à predestinação, já que, diziam, Deus não vai nos perguntar no Juízo Final quanto às nossas ideias teológicas, corretas ou erradas, e sim sobre quanto na vida procuramos seguir os preceitos do Evangelho. Assumia-se e, muitas vezes, afirmava-se que todas as diferenças dogmáticas entre as Igrejas, religiões ou seitas não eram importantes, não tinham significado. Daí em diante, era fácil chegar à conclusão de que cada uma dessas Igrejas ou religiões na verdade não tinha razão de ser como um corpo separado, já que as diferenças entre elas não faziam sentido. Difícil era convencer as Igrejas disso (obviamente, nos ramos da cultura cristã e até em países relativamente bem tolerantes, como a Holanda do século XVII, onde não se tolerava, entretanto, um ateísmo aberto). Da mesma forma, inseriu-se na ideia de tolerância um novo sentido, o de *indiferença*. É, entretanto, diferente – do ponto de vista cultural e psicológico – dizer: "é melhor suportar até os grandes erros do que provocar guerras religiosas" ou "devemos tolerar as mais variadas opiniões teológicas, já que se trata de temas que causam indiferença". Para mim, uma coisa é dizer: "Suas opiniões são terríveis, erradas e danosas, mas não vou lhe cortar a cabeça. Deixo essa questão nas mãos de Deus"; outra é dizer: "Fale o que quiser sobre a religião, isso não tem o menor significado".

Quando falamos sobre a tolerância, não tratamos apenas de determinações legais em questões religiosas, mas também sobre a moral e o comportamento humanos. No sentido primitivo, sou tolerante se não persigo, não exijo perseguições e não me comporto agressivamente em relação a algo de que claramente não gosto ou que não aprovo, que me choca ou cria aversão ou desgosto. Em um sentido semelhante, usamos essa palavra em medicina, quando nos referimos à tolerância a certas drogas: os remédios fazem mal, mas falamos de tolerância ao remédio, caso o organismo os tolere dentro de certos limites, ou seja, tolere sem prejuízos mais sérios. Na França, os bordéis chamavam-se, no passado, "casas de tolerância"; o nome sugere que os bordéis não eram algo muito bom, mas que, em virtude de várias razões, era melhor tolerar. Na França moderna, vemos ruas sinalizadas estranhamente com "estacionamento tolerado". Parece implicar uma aceitação a contragosto, ou seja, estacionar nessas áreas (normalmente calçadas) geralmente não é permitido, e as autoridades toleram o ato em uma situação especial – o que sugere, de novo, que, no geral, não se trata de alguma coisa boa.

É importante notar que, quando nos é solicitada a tolerância, hoje em dia, em geral é no sentido de indiferença: devemos conter nossas expressões, até mesmo guardar alguma opinião, e, às vezes, aprovar pontos de vista e comportamentos de outras pessoas. Esse tipo de tolerância é algo completamente diferente. A solicitação de tolerância com esse sentido é parte de nossa cultura hedonista, na qual nada verdadeiramente nos importa; é uma filosofia de vida sem nenhuma responsabilidade e sem convicções. Essa tendência é reforçada por inúmeros modismos filosóficos que nos ensinam que a verdade em seu sentido correto não existe; então, quando insistimos nas nossas convicções, mesmo sem agressividade, estamos, de fato, pecando contra a tolerância. Trata-se de um disparate danoso; o desprezo pela verdade destrói nossa civilização tanto quanto um fanatismo pela verdade. A maioria indiferente deixa o campo livre para os fanáticos, que sempre existem em boa quantidade. Nossa civilização passa a ideia de que tudo deveria ser uma brincadeira, o que é verdade nas filosofias pueris da chamada "nova era", cujo conteúdo não se pode definir porque significa tudo aquilo que se queira; e é para isso que servem.

Temos o direito de insistir em nossas convicções. Um exemplo: nos países civilizados, a prática homossexual não é ilegal (quando, é claro, se trata de pessoas adultas e quando não há violência). A Igreja a considera moralmente errada e proibida, baseando-se no Velho e no Novo Testamento, na própria tradição e na própria interpretação teológica da sexualidade. De fato, caso a Igreja quisesse voltar à proibição legal do homossexualismo, poderia ser acusada de total intolerância. Mas as organizações de homossexuais pedem que a Igreja cancele os ensinamentos sobre homossexualidade, o que é, também, uma grande demonstração de intolerância. Na Inglaterra houve incidentes de demonstrações e ataques contra igrejas em referência a esse assunto. Então, quem é intolerante? Se alguns homossexuais declaram que a Igreja erra, podem sair dela, nada os ameaça; agora, quando querem impor a própria opinião à Igreja de forma barulhenta e agressiva, não estão defendendo a tolerância, mas propagando a intolerância. A tolerância só é eficaz se for mútua.

Dizemos, às vezes, que as pessoas deveriam ser punidas por seus atos, e não por suas opiniões. O problema nisso é que o limite entre ambos não é claro. Em alguns países, por exemplo, é passível de punição a incitação ao ódio racial. Mas ele pode ser incitado de diversas maneiras, e os racistas, por vezes, se defendem dessa mesma forma: estão apenas expressando sua opinião, e não podem ser punidos por ela. Porém, a expressão verbal também é uma forma de ação e, como toda ação, pode ter os piores ou os melhores efeitos. Caso algo seja dito, é fácil sugerir que se devam controlar todas as opiniões do ponto de vista das possíveis consequências. Mas, se nada for dito, sugerimos que nada deveria ser ilegal caso não envolvesse violência. Precisamos, então, buscar soluções de compromisso, que são sempre desconfortáveis, mas indefensáveis. Esse é também o eterno dilema da tolerância: podemos, ou deveríamos, tolerar movimentos políticos ou religiosos que são inimigos da tolerância e buscam destruir quaisquer arranjos que a defendam, movimentos totalitários ou aqueles que procuram impor seu próprio poder despótico? Tais movimentos podem não ser perigosos enquanto são pequenos. Portanto, é possível tolerá-los; mas quando se tornam fortes é preciso tolerá-los porque não há força para destruí-los – e, no fim, toda a sociedade pode cair refém da pior tirania. É assim que a tolerância sem limites se volta contra si mesma e destrói as condições que a tornam possível. Admito que sou a favor da não tolerância a movimentos que visam à destruição da liberdade e que lhes seja retirada a proteção legal; a tolerância é menos afetada por esse tipo de intolerância.

Entretanto, não existe uma boa regra que não possa ser mal usada. É permitido proibir a divulgação de uma ideologia racista, mas, nos Estados Unidos, chamam de racistas e atacam aqueles que fazem pesquisas sobre as distribuições estatísticas de diversas competências em populações caracterizadas por raça. Tais pesquisas necessitam particular cuidado, e seguramente podem ser usadas como propaganda racista, mas a sua proibição sob esse pretexto é ainda pior, pois implica aceitar como princípio que todas as pesquisas científicas deveriam ser banidas caso seus resultados pudessem ser indesejados em função das ideias dadas como apropriadas em uma certa época – e esse é um princípio totalitário. Alguém, é claro, poderia criticar tais resultados, desde que tenha bons contra-argumentos, mas proibi-los seria implantar uma ditadura ideológica nas investigações científicas.

Repito: a tolerância se defende menos pela lei do que por meio da preservação e do fortalecimento de uma sociedade tolerante. Cada um de nós tem em si grande potencial para a intolerância, porque a necessidade de impor aos outros a nossa visão de mundo é forte. Gostaríamos que todos acreditassem no mesmo que nós, porque então nos sentiríamos espiritualmente seguros, e não precisaríamos mais pensar em nossas crenças ou confrontá-las com outros. Por isso os confrontos entre diferentes crenças religiosas, políticas e filosóficas envolvem tanta agressão.

Mas, se a intolerância – em outras palavras, o desejo de converter os outros pela agressão ou pela força – fosse exterminada por um estilo de vida em que ninguém acreditasse em nada ou nada importasse, a não ser o fato de que a vida deveria ser divertida, então sucumbiríamos – cedo ou tarde, nós nos tornaríamos vítimas de algum tipo de ideocracia. Não contrariemos o elogio da repressão com o elogio da indiferença generalizada.

Sobre as viagens

Por que viajamos? Por que gostamos de viajar? Parecem perguntas pouco inteligentes, afinal de contas, cada um de nós sabe por que viaja. Mas há uma série de outras coisas que parecem óbvias à primeira vista e, após algumas considerações, deixam de sê-lo. Será que viajar é um comportamento movido pelo instinto, e, se for, que tipo de instinto seria esse? Será que gostamos de viajar porque isso nos traz algo novo, e é simplesmente a novidade que nos atrai? E, se for assim, não seria uma satisfação estranha?

Segundo observações de muitas gerações, instiladas de alguma forma em nós pela evolução, o mundo não é um lugar amigável. Aprendemos que é prudente, em qualquer lugar, desconfiar do novo e do desconhecido, valorizar o que nos é familiar e seguro, ficarmos quietinhos no nosso canto e não sair por aí desbravando lugares longínquos. Mas não fazemos isso. Por que as crianças gostam tanto de livros sobre viagens? Por que as pessoas, tão logo preenchem as manchas brancas em seus mapas, lançam-se em viagens até pouco tempo nem mesmo imaginadas e sonham com lugares cada vez mais distantes?

Quando falamos de viagens, não nos referimos, é claro, a qualquer tipo de mudança, mas àquela em que a viagem em si é o objetivo, em que não nos interessa resolver algo que poderíamos resolver mesmo sem uma viagem e sem as dificuldades decorrentes. Os homens de negócios, que combinam reuniões nos aeroportos, em salas de conferência especialmente preparadas para tal fim, para logo voltar para casa, não viajam absolutamente, mas, sim, cuidam de seus interesses, e, caso possam, resolvem-nos de outra forma, o que é cada vez mais fácil. Na verdade, também não estou certo de se podemos incluir o tipo de turismo em massa em que, por exemplo, moradores de países frios como a Inglaterra viajam para a Espanha em busca de um mar quente, de lugares onde já têm preparados para si bares ingleses com comida inglesa (tenha dó, meu Deus!); a Espanha por si só não os interessa. Estamos falando de um tipo de viagem em que nós, os viajantes, queremos experimentar algo realmente novo apenas pelo fato de *ser novo*.

Literalmente falando, nas viagens não estamos propriamente interessados em aprender algo: quase tudo o que conhecemos por meio das viagens pode ser conhecido sem elas, muitas vezes até mais facilmente. Como dizia Horácio: *"Caelum non animum mutant qui trans mare currunt"* ("Mudam de céu, não de espírito, aqueles que cruzam o mar") – em outras palavras, não adquiriremos sabedoria correndo de um lugar para outro. Não; nós não viajamos pelo conhecimento. Também não viajamos para escapar, por um momento, das preocupações e esquecer os problemas, pois sabemos (Horácio de novo) que *"poste equitem sedet atra cura"* ("a negra preocupação se senta atrás do cavaleiro"), ou seja, aonde quer que formos, nossas preocupações irão junto. Não, não é o desejo do conhecimento que nos move, nem o de querer fugir, mas a curiosidade, e supõe-se que a curiosidade seja um impulso autônomo, inexplicável para os outros. Os estudiosos nos dizem que a curiosidade, ou seja, a necessidade de pesquisa desinteressada do ambiente, permanece nas pessoas por toda a vida, e que essa é uma habilidade peculiar do ser humano.

Somos curiosos não porque as coisas desconhecidas podem nos beneficiar de alguma forma ou porque podem nos ameaçar e temos de impedi-las; somos só curiosos. As pessoas se submetem a inúmeras coisas que são perigosas por pura curiosidade: viajam para lugares pouco conhecidos e ameaçadores, onde muitas vezes morrem escalando montanhas ou explorando cavernas.

Não nos esqueçamos ainda de que, justamente por causa da curiosidade, fomos expulsos do Paraíso, e os teólogos costumavam condenar a curiosidade como um pecado por sua própria natureza. Mas, sem esse impulso pecaminoso, não teriam acontecido tantas mudanças nem vários dos progressos na vida humana.

Hoje em dia, há quem diga que o "descobrimento da América" não foi grande coisa, pois, na ocasião em que os viajantes europeus chegaram às margens americanas, os índios de pele vermelha já viviam lá há bastante tempo, e absolutamente não descobriram o país. Essa, no entanto, é uma objeção incorreta, porque, quando algumas pessoas vivem em isolamento, não sabendo nada sobre outros, pode-se dizer que foram descobertas; caso os habitantes da América se apressassem com o desenvolvimento da navegação e chegassem primeiro na Europa, poder-se-ia dizer que haviam descoberto a Europa. Mesmo hoje, quando, movidos pela curiosidade, vamos para algum país ou cidade desconhecidos, podemos dizer que os descobrimos para nós mesmos. Descobrir, nesse sentido, é tão somente experienciar algo novo, o que não necessariamente envolve aquisição de um conhecimento que ninguém nunca tenha possuído antes.

Às vezes, fazemos viagens sentimentais para lugares da nossa infância; lugares bem conhecidos, mas há muito abandonados. São, com certeza, um tipo de viagem, um tipo de descoberta.

Aparentemente, não estamos descobrindo nada novo, mas, de certa forma, retornando para dentro de nós como se estivéssemos há muitos anos no passado: é como se viajássemos no tempo, e uma jornada no tempo é como a experimentação de algo novo, mas que nos é familiar.

Assim, sentimos a necessidade de novas experiências simplesmente porque são novas, e mais nada além disso: é a novidade por si só o que nos atrai. O fato de ela nos atrair está ligado à nossa característica, muito humana, de experienciar o tempo. Gostaríamos de estar sempre no começo de tudo, de ter a impressão de que o mundo está aberto para nós, de que está apenas no início. A própria vivência da novidade nos dá essa sensação, embora ilusória. Deve ser por isso que as pessoas trocam de maridos e esposas: têm, por um momento, a sensação de um início.

Certamente, não seria verdade a suposição de que a curiosidade, ou a necessidade de novidade, acompanha a todos nós na mesma intensidade, sempre e em todos os lugares. Se assim fosse, a vida humana seria impossível. Em todas as formas de vida, o instinto de sobrevivência, cujo objetivo é preservar uma ordem existente, coexiste com instintos que visam à evolução da espécie. Em nós, humanos, essas duas forças opostas são expressas pela nossa necessidade de segurança, estabilidade e familiaridade, de um lado, e de novidade e mudança, de outro. Essas duas tendências são contraditórias, mas ambas são parte essencial daquilo que nos faz humanos.

Com certeza pode-se diferenciar o caráter das pessoas pela sua participação, em maior ou menor grau, nessas energias em conflito: aqueles que só gostam de rotina e de coisas conhecidas, daqueles que se cansam com a rotina e anseiam por mudanças.

É digno de nota que a curiosidade, a necessidade pelo novo e desconhecido, pressupõe, tenhamos ou não nos dado conta disso, certa visão de mundo, certa "filosofia". E que o mundo no qual vivemos tem algum valor. Se por acaso acreditássemos, como os verdadeiros budistas, que o mundo não vale nada, que é uma massa de sofrimento e dor, que em todos os lugares tudo sempre é igual em todos os aspectos que importam, e que as diferenças não têm significado, que não há nada de novo sob o sol, que a história humana não é nada mais que uma repetição monótona do mesmo infortúnio – caso acreditássemos nisso, não sentiríamos curiosidade, não precisaríamos experimentar o novo e, portanto, não teríamos nenhuma vontade de viajar.

Mas a questão de se os budistas têm ou não razão não será explorada por nós. Para isso, teríamos que mergulhar no precipício escuro da metafísica, e isso não combina com a ocasião, tão frívola de considerações sobre viagens.

Sobre a virtude

A palavra "virtude", convenhamos, foi um tanto ridicularizada no idioma polonês, por ter sido tão frequente e insistentemente usada em um contexto determinado, em especial para definir a pureza sexual, geralmente de mulheres jovens; dizia-se "a virtude virginal", "ela perdeu a virtude", "ele conspirava contra a virtude dela", "esta senhorita não é conhecida por suas virtudes" etc. Provavelmente hoje em dia não falamos a sério coisas assim, mas no nosso século cínico construiu-se certa aura de ridículo ao redor desta palavra. Não sei de onde surgiu essa limitação, a qual possivelmente não existe em outros idiomas. Entretanto, creio que não temos outra palavra para definir em conjunto todas as qualidades valiosas em termos morais, e que tornam melhores tanto o indivíduo quanto todas as ligações entre as pessoas. É claro que não existe nada ridículo em expressões como "virtudes cidadãs", "virtudes militares", "virtudes intelectuais", "virtudes comerciais". Devemos de certo tentar devolver a virtude à palavra "virtude". Não precisamos de uma palavra com um conceito tão amplo quanto o era para os antigos gregos, segundo o qual se poderia usá-la para todas as características valiosas, e não somente para as humanas: existe a virtude do campo – que dá uma boa colheita; a virtude da faca – que corta bem etc. Nem precisamos de um conceito tão restrito como no latim antigo, em que "virtude" basicamente significava "coragem, hombridade", que é etimologicamente semelhante ao polonês ("homem"). Quantas virtudes existem, e como classificá-las, é menos importante. Mas, se tomamos a palavra no sentido que sugeri, ou seja, como qualquer qualidade moralmente valiosa, essencial para uma vida suportável na coletividade humana, notamos que as virtudes são, sob certos aspectos, semelhantes a outras qualidades não morais.

Aprendemos virtudes sendo criados em uma comunidade onde são praticadas, da mesma forma que aprendemos a nadar ou a manejar garfo e faca. Não podemos aprender a nadar sem entrar na água, nem uma criança pode aprender a usar garfo e faca por meio da leitura de um complicado manual sobre a inclinação precisa de seus dedos para segurar os talheres. Da mesma forma, seriam pouco úteis instruções sobre virtudes em uma comunidade na qual elas não são praticadas. Quando as virtudes se perdem, a coletividade humana se perde também, e mesmo uma quantidade enorme de manuais de instruções não ajudará. O padre pode citar o Evangelho, mas, se seu rebanho o vê ameaçar e amaldiçoar sem parar, ele deixa de ser um professor de virtudes evangélicas; ao contrário, as destrói, da mesma forma que um rico financista esbravejando contra a ganância dos outros. Ganharemos pouco com a leitura de livros de instruções, mas muito com base na experiência de vida entre as pessoas, em que as virtudes são praticadas, mesmo que seja raro que todas estejam presentes ao mesmo tempo.

Surge uma pergunta: será que todas as virtudes podem estar presentes em qualquer pessoa? Os estoicos acreditavam que sim. Eles diziam que o prêmio pela virtude é a própria virtude:

o prêmio do homem justo, por exemplo, é exatamente o fato de ele ser justo, e que, se praticar a virtude na esperança de receber alguma recompensa, não será verdadeiramente virtuoso. O que se entende daí é que, se nos falta uma virtude, nos faltam todas; ao passo que, se temos uma, temos todas. Ter algumas virtudes, mas não outras, significaria que praticamos as virtudes quando nos é conveniente, e não por elas mesmas. Portanto, não seriam virtudes verdadeiras.

Essa visão "tudo ou nada" é muito restritiva e extremamente difícil de manter. Dizer que devemos ter todas as virtudes se temos alguma é o mesmo que afirmar que poderíamos ser absolutamente perfeitos ou definitivamente ruins, mas nada intermediário. Porém, colocar as pessoas frente ao dilema: "Ou você é um ser perfeito ou uma completa porcaria" em termos educacionais é perigoso, já que é muito fácil alguém dizer para si mesmo: "De qualquer forma não conseguirei ser a perfeição encarnada, e, como não sou perfeito sob todos os pontos de vista, então tanto faz o que faço".

A visão estoica é, portanto, restritiva e perigosa. Além disso, é falsa, pois não há nada de contraditório em supor que as pessoas podem possuir certas virtudes – em seu verdadeiro sentido, praticadas não de forma calculada, mas por serem realmente boas – e não possuir outras. É possível ser uma pessoa justa e ponderada, mas não ser corajosa; pode-se ser alguém que ajuda os outros e fala a verdade, mas não ser muito persistente no trabalho etc. A única coisa que se pode aproveitar dessa doutrina estoica é o fato de as virtudes se fortalecerem mutuamente: quando se possuem algumas, então é mais fácil conseguir outras, mesmo que não pareçam relacionadas entre si. Se queremos ser justos, rapidamente nos damos conta de que para isso é necessário ter coragem e persistência. Portanto, as virtudes não são independentes umas das outras como parecem.

A atitude rígida do "tudo ou nada" não é apenas educativamente contraproducente; é também muito fácil de se transformar em fanatismo. O absolutismo na prática das virtudes pode ser prejudicial: se alguém pratica ou encoraja a virtude sempre e em todos os lugares, não importando as circunstâncias, pode tornar a vida intolerável tanto para o virtuoso quanto para os demais. A coragem pode transformar-se em uma inconsequente e tola bravura; a justiça praticada de forma muito rígida, sem considerar as complicações da vida e do ambiente, que podem amenizar nossos inúmeros erros, torna-se mera crueldade, carregada não de uma virtude real, mas de autossatisfação e orgulho. Na verdade, torna-se brutalidade e insensibilidade em relação aos aborrecimentos e sofrimentos humanos; e uma regra de louvor, que não traga problemas a outros, pode se tornar uma regra de incontável complacência com o mal. A sabedoria pode até ser um pretexto para uma fuga da vida e de seus conflitos inevitáveis. Pessoas criadas em tribos guerreiras adquirem coragem e habilidade para resistir a sofrimentos físicos, mas também, com frequência, a crueldades; pessoas que lidam com trabalho acadêmico e que são capacitadas em todas as virtudes intelectuais, às vezes, por acreditar que fazem coisas relevantes, fecham os olhos a problemas sociais que acontecem ao redor, pois partem do princípio de que seu trabalho é mais importante e, de certa forma, relutam em se envolver nos conflitos que inevitavelmente aparecem quando alguém se engaja nas questões sociais. Mas as virtudes cidadãs que essas pessoas não possuem também podem se tornar excessivas: o senso de responsabilidade social que leva algumas pessoas a se envolverem com assuntos públicos pode se manifestar por meio de incessantes discussões e de um desejo de impor a outros a sua opinião de forma importuna, bem como pela incapacidade de distinguir entre o trivial e o que é genuinamente importante.

É preciso perceber que, embora todas as virtudes sejam passíveis de se tornar contravirtudes, algumas são mais propensas que outras. Assim, o respeito pela verdade, por exemplo, parece ser mais suscetível de cair em fanatismo que a bondade, principalmente quando se está convencido de que a verdade é sua própria opinião, e a coragem guarda um perigo maior que a capacidade de perdoar.

Não é necessário que todas as nossas virtudes sejam uma cortina para esconder nosso egoísmo, como ensinava La Rochefoucault, mas, na verdade, assim é que de cada coisa boa se pode criar o mal, e a própria pessoa não nota que aconteceu uma transformação. Não podemos exigir, nem mesmo desejar, que todos sejam perfeitos ou idênticos (o que, afinal, dá no mesmo). É fácil descrever virtudes de forma abstrata, mas a sua prática requer flexibilidade e entendimento das incontáveis complexidades dos assuntos humanos, e essa compreensão é o resultado de uma experiência prática com as exigências da vida, constantemente em atrito, de várias exigências justificadas e do resultado do contato com pessoas boas e ponderadas.

Tudo isso de certo é verdade antiga e banal; nada há de novo. Mas a repetição vale a pena, considerando quanto nos ensinam a estar alertas conosco, mandando-nos constantemente observar as verdadeiras motivações de nossos atos – e, nesses temas, como todos sabem, mentir para si próprio e a autossatisfação nos vêm com muita facilidade. Todavia, vale notar que, apesar de todas as virtudes poderem sofrer uma degeneração e transformarem-se em antivirtudes, algumas delas são mais passíveis disso que outras. Provavelmente, a virtude da gentileza para com o próximo se degenera com mais dificuldade do que, por exemplo, o respeito pela verdade, em que é fácil encontrar o fanatismo, em particular quando se tem a certeza de que se é o detentor da verdade; e a habilidade de perdoar os outros traz menos perigos que a coragem. Todas essas coisas, ao final, tornam-se complicadas nos livros de instruções, mas não são complicadas na vida, em que a experiência própria e a dos outros nos ensinam.

Sobre a responsabilidade coletiva

Quando pensamos em "responsabilidade coletiva", o que logo nos vem à mente são os piores tipos de associações: autoridades de ocupação que assassinam pessoas como forma de retaliação; sequestro e assassinato; golpes terroristas, nos quais morre uma infinidade de pessoas não envolvidas; ódio a nações inteiras, povos ou raças por causa de erros reais ou imaginários, de forma que sentimos que sofremos nas mãos de alguns dos membros desses grupos. Mas não discutiremos sobre esses assuntos aqui, visto que já são bastante óbvios.

Falava-se, no passado, que o ensinamento cristão sobre o pecado original também envolve a ideia de responsabilidade coletiva, já que estamos sendo punidos pelos atos de duas pessoas, que nós nem conhecemos, praticados em um passado distante e indefinido. Entretanto, há uma distinção a ser feita aqui. Se assumirmos, como alguns teólogos cristãos, que herdamos de Adão e Eva não só a corrupção de nossa natureza, mas também sua culpa moral de fato, caso sejamos mesmo partícipes desse pecado, e que todos os males do mundo que recaem sobre nós são castigos de Deus, então, sim, estamos realmente assumindo nossa responsabilidade coletiva. Humanistas cristãos acham isso inaceitável porque seria retratar Deus como um tirano sem piedade, e não um pai amoroso. O próprio senso comum de justiça se rebela contra isso.

Entretanto, se o ensinamento sobre o pecado original não inclui essa suposição, mas somente declara que a natureza humana foi marcada permanentemente e que nós tão só herdamos essa carga, a situação não seria diferente de se tivéssemos nascido com uma doença hereditária: seria algo de fato terrível, mas não a veríamos como culpa ou castigo. O ensinamento de hoje da Igreja romana também não diz que herdamos a culpa em si, apenas a corrupção, que nos inclina não raro ao pecado, mas não nos obriga a ele: podemos resistir à tentação. Portanto, somos responsáveis pelos nossos próprios pecados, e não pelos dos nossos antepassados.

O mal é uma criação do homem, e o sofrimento que uma pessoa impõe sobre a outra também o é; quanto aos sofrimentos que a própria natureza causa, sem a participação humana, pode-se desconfiar de que a natureza também foi marcada pelo pecado original, e que também não se trata de um castigo na verdadeira acepção da palavra.

Mas será que existe esse sentido no qual se pode defender a ideia da responsabilidade coletiva? Podemos atribuir a alguém a responsabilidade por um ato que não é seu sem ir contra nosso senso comum de justiça? Penso que tal sentido existe e que ele não contraria esse senso comum de justiça.

Cada um de nós pertence a uma variedade de coletividades humanas, as quais preservam a sua identidade, mesmo que seus membros mudem: um país, uma Igreja, alguma organização política ou social, alguma instituição, por exemplo escola, hospital, universidade, cidade. Naturalmente nos identificamos com essas pessoas, pois temos a sensação de que o destino dessa comunidade é o nosso. Nós nos identificamos não só porque somos pessoalmente tocados pelos seus fracassos ou enriquecidos pelos seus sucessos, mas também porque vemos essa comunidade como uma entidade moral, algo precioso. Os laços que nos unem a ela e às outras pessoas não são baseados apenas em cálculos de perdas e ganhos, mas na fé sobre a predestinação coletiva, na solidariedade desinteressada, a qual reconhecemos, mesmo quando pecamos contra ela. Parece natural, então, que tenhamos a sensação, boa ou ruim, presente ou passada, quanto ao corpo coletivo ao qual pertencemos, que nos sintamos envolvidos não apenas por interesses materiais, mas porque nos importamos com a coletividade como um todo. Em outras palavras, temos um interesse moral.

É verdade que nos é bem fácil participar dos méritos e sucessos de nossa comunidade, e, difícil, das derrotas ou dos procedimentos desonestos. Os fãs de um clube esportivo de alguma cidade ou país se alegram por suas vitórias, como se eles mesmos tivessem participado das jogadas, e, por mais que se chateiem profundamente com uma derrota, não têm a sensação de alguma responsabilidade, afinal não participaram do jogo. Com segurança, temos a tendência de não manter a simetria nesses assuntos: nos bons momentos é agradável nos sentirmos um participante; nos ruins, preferimos culpar os outros.

Mas a derrota ou a vitória no campo tem pouco em comum com a responsabilidade moral. Trata-se de um problema mais complicado. Talvez a questão mais importante seja a da responsabilidade nacional. Cada país europeu tem em seu passado alguns episódios que seria melhor esquecer.

Podemos exigir de pessoas que não estiveram envolvidas de jeito nenhum nesses episódios que se sintam culpadas ou envergonhadas? Será que podemos exigir dos alemães nascidos muito tempo depois da guerra, ou logo após, hoje sexagenários, que se sintam responsáveis pelos crimes de Hitler? Que os norte--americanos contemporâneos tenham sentimento de culpa pela escravidão ou o assassinato dos índios peles-vermelhas? Os ingleses, pela exploração de crianças na época vitoriana, e os poloneses, pelas perseguições religiosas no século XVII ou pela terrível política contra as minorias nacionais nos anos entre guerras? A resposta, penso eu, é que não podemos exigir isso das pessoas, mas podemos, e deveríamos, exigir de nós mesmos, em favor do bem--estar espiritual. Na prática, é claro, tendemos a fazer o oposto: exigimos dos outros e perdoamos a nós mesmos, sob o pretexto de que não acreditamos em responsabilidade coletiva.

Não somos pessoalmente responsáveis pelo que nossos antepassados fizeram, mas, caso acreditemos que uma nação seja uma entidade moral e espiritual que conserva a sua identidade com o tempo, mesmo que gerações morram e outras as substituam, então é bom acreditar que, ao lado da responsabilidade individual, existe a coletiva, ou seja, a continuidade da nação como um todo. Pode-se comparar isso com uma herança na qual, ao receber os bens dos pais, recebem-se também suas dívidas. Mas essa analogia é apenas parcial: precisamos expressar a concordância com a herança, podemos recusá-la, o que não é visto como algo negativo, mas, quando a aceitamos, legalmente nos tornamos responsáveis pelo pagamento das dívidas.

Sob esses dois aspectos, a responsabilidade coletiva diferencia-se do recebimento de uma herança: não somos legalmente responsáveis por nossos antepassados, e as pessoas não têm o direito de exigi-lo de nós. Mas, se não assumirmos o peso dessa responsabilidade e o peso da culpa e da vergonha que podem acompanhá-la, a saúde espiritual da nação sofrerá. A sombra de nossa falsidade nos seguirá aonde formos, e, quando for a vez de defendermos a dignidade nacional, não poderemos oferecer nenhuma resistência.

O caso das comunidades religiosas parece ser análogo. Contribui para a saúde espiritual da Igreja quando a comunidade (como a Igreja romana de hoje, como dizem, para a sua glória) pode dizer que se arrepende pelos erros, perseguições e crimes perpetrados em seu nome no passado, e que se envergonha deles, apesar de não ser suficiente em dizer "não fomos nós; foram outras pessoas". A Igreja é um organismo coletivo contínuo, vivo há séculos; internamente, é muito mais bem organizado que uma nação, e seus malfeitos cometidos no passado são de qualquer forma seus malfeitos, e não atos de forças anônimas ou pecados de membros há tempos falecidos.

Porém, será que poderíamos evitar tudo isso apenas dizendo para nós mesmos que não pertencemos a nenhuma Igreja ou nação ou a nenhum tipo de entidade coletiva que mantenha uma continuidade moral, que não nos importamos com sucessos ou fracassos, acertos e erros do passado; que nos ocupamos apenas dos próprios interesses e nada mais? Na verdade, poderíamos dizê-lo, mas não poderíamos acreditar nisso de boa-fé. Se renegássemos abertamente a participação em qualquer comunidade e não nos sentíssemos solidários com nada, ainda poderíamos viver, mas seria um tipo de vida miserável, em que não teríamos o direito de esperar solidariedade ou ajuda dos outros quando o desfortúnio recaísse sobre nós, como sempre acontece em uma hora ou outra; seríamos desgraçados e infelizes, pois nossa indiferença perante os outros nos seria retribuída com a indiferença deles, e não poderíamos nos queixar.

Nascemos em circunstâncias que independem de nós. Isso é natural. Mais tarde, quando podemos agir por nós mesmos, as situações permanecem, em grande parte, embora não totalmente, independentes de nós. Ainda assim, temos responsabilidade sobre elas. Isso também é natural.

Sobre a roda da fortuna

Há quem diga que jogar na loteria ou na roleta é uma coisa boba, pois as chances estão sempre contra nós. Há também os que dizem que isso é imoral. Vale a pena pensar um pouco sobre essa crítica, já que ela toca em um tema importante da vida. Certamente, todos sabemos que, em jogos de azar ou na loteria, as chances estão contra o jogador; caso contrário, o jogo não existiria. Os organizadores da loteria em geral dizem qual é a probabilidade de ganhar o prêmio principal, e ela é sempre mínima. Apesar disso, ainda escolhemos jogar. Será que estamos agindo de forma irracional e insensata? Definitivamente não. As chances contra nós podem ser enormes, mas, proporcionalmente, é possível ganhar. Então, por que seria irracional "tentar a sorte"? Insensato é quando nos tornamos viciados no jogo como se fosse uma droga, e arruinamos nossas vidas para sustentar esse hábito. A maioria das pessoas não faz isso e gasta apenas uma pequena parcela de seus recursos nesse pecaminoso prazer. Agora, o fato de as chances estarem contra nós é uma situação muito comum na vida, e não raro nos encontramos lutando contra as chances, mas nem por isso desanimamos. A única diferença entre jogos de azar e situações com as quais nos deparamos na vida é que nos jogos as chances podem ser calculadas com grande precisão, ao passo que na vida não há nada que possamos fazer para que elas pendam a nosso favor.

Mas será que isso é verdade? Algumas pessoas acreditam que, em razão de uma secreta conexão ou familiaridade com os números, podem dar à sorte uma ajudinha: alguns números nos são simpáticos, outros, não, e manipulamos a sorte da loteria ou da roleta a nosso favor apostando naqueles que nos são simpáticos. Tais crenças são em geral vistas como superstições de uma variedade particularmente absurda, mas também parecem pertencer àquela classe de superstições que é quase impossível eliminar.

Outros ainda acreditam que certas pessoas são capazes de mover ou dirigir objetos por meio de algum tipo de paranormalidade, e que, portanto, influenciam os mecanismos da roleta ou da loteria para lhes gerar os números esperados. Mas, se essas pessoas realmente existissem, com certeza manteriam seus talentos muito bem escondidos.

Parece haver algo em nosso raciocínio que se rebela contra a ideia do acaso. Há duas coisas das quais não gostamos em relação ao acaso. No passado, era um pensamento comum entre os físicos que todos os acontecimentos são estritamente definidos pelas condições nas quais acontecem, e a probabilidade é só uma medida de nosso desconhecimento, já que nunca conhecemos tais condições de uma forma excelente. Hoje, eles nos dizem que a probabilidade é uma característica do mundo, que está embutida na própria realidade. Isso é algo difícil de entendermos e de que não gostamos.

O que, talvez, nos incomode ainda mais é a teoria de que o mundo consiste em eventos aleatórios e que não há sentido algum nisso; não há um objetivo determinado para esse desenvolvimento. Não gostamos disso também e achamos essa ideia deprimente. Sabemos, é óbvio, que todo o desenvolvimento da humanidade, todo o esforço da civilização, baseia-se na tentativa de minimizar tanto quanto possível a participação do acaso nos acontecimentos que têm a ver conosco, e que podemos, até certo ponto, forçar a natureza a nos obedecer. No entanto, nosso sucesso é o resultado de nossa própria intenção (humana), de nossa própria vontade.

Incessantemente, desde tempos imemoráveis, a evolução do mundo tem sido acompanhada pela crença de que os acasos, que constituem parte do curso natural da vida, não são absolutamente destino, mas manifestações da vontade de Deus, que, embora não seja visível, depois de certo esforço, pode-se entender. Não é, portanto, um acaso, mas foi por determinação de uma força maior que fulano ganhou o maior prêmio da loteria e cicrano engasgou com um osso e morreu; só temos de saber decifrar os códigos.

Nesse caso, no entanto, temos um problema. As pessoas já inventaram códigos que são impossíveis de quebrar com meios analíticos, os quais não podem ser decifrados sem uma chave. Tais códigos são simples de usar: exigem apenas que emitente e receptor tenham à disposição a mesma longa sequência de números aleatórios ou um conjunto de números 0 e 1 dispostos ao acaso; todos os que desejam quebrar códigos, portanto, devem observar esse enorme conjunto de zeros e unidades; análises de frequência não levarão a lugar algum, não importa o tamanho do código do texto. Para ler, é preciso ter a chave. Entretanto, se as pessoas conseguem criar códigos inquebráveis, talvez (alguém pode argumentar) Deus também possa. Se Ele decidiu esconder o sentido de Seus códigos, então todo o nosso trabalho para decifrar seus objetivos numa sequência de acontecimentos ao acaso é em vão: a chave para o código está seguramente guardada; não podemos saber por que fulano, e não cicrano, ganhou na loteria. Mas, apesar disso, as pessoas continuam desesperadamente em busca do significado oculto desses eventos aleatórios: elas sempre fizeram isso e sempre o farão.

Neste tema, e em muitos outros, nossos sentimentos conflitam com nosso raciocínio, e nossos instintos nos levam a diferentes direções. Como seres racionais, somos repelidos pelo acaso e queremos dar sentido ao caos do mundo descobrindo o verdadeiro significado dos eventos, e não simplesmente impondo nossa própria interpretação sobre eles. Contudo, somos tentados pelo desconhecido, pelo risco do perigo. Gostamos de desafiar o destino e de nos lançar em projetos arriscados cujas consequências são desconhecidas. Se não tivéssemos essa inclinação, a maior parte dos feitos humanos provavelmente não teria ocorrido.

Tal risco foi assumido não só pelos grandes viajantes e descobridores de novas terras, os iniciadores de guerras e os grandes reformadores sociais, mas também por eruditos em busca de novos caminhos no ensino, escritores e poetas, e cada um de nós: quando decidimos ter um filho ou estudar medicina, ou quando nos sentamos pela primeira vez na direção de um veículo. Cada uma dessas decisões envolve riscos. Temos duas almas: uma quer segurança e paz; a outra busca a excitação daquilo que é desconhecido e perigoso.

Jogar na loteria não é uma demonstração de falta de juízo. Será, porém, imoral? Aqueles que assim pensam consideram que, ao jogar na loteria, estamos perseguindo bens que não nos pertencem, aos quais não fizemos jus. Eles sentem que há algo errado em adquirir riqueza desmerecidamente, sem trabalho nem esforço de nossa parte. Essa é a razão de tantos clérigos condenarem a indústria das loterias. Eles admitem, embora nem sempre o digam, que Deus quer que consigamos coisas boas na vida com nossos esforços e criatividade. Nos países comunistas, como sabemos, não havia loterias, que surgiram apenas como consequência de sua lenta degradação. A suposta razão ideológica para que a loteria não existisse era a mesma usada pelos religiosos: as pessoas devem obter uma vida melhor com seu próprio trabalho, e não contando com a sorte cega. Na realidade, a razão ideológica era outra: apesar do fato de que o país teria lucros significativos com o negócio de loterias, alguns indivíduos também obteriam rendimentos, e isso sem a participação do governo, o que era inaceitável – não porque não passasse de resquícios de velhas ideologias igualitárias (embora eles também provavelmente estivessem envolvidos), mas porque se tratava, ou se trata, de um princípio comunista segundo o qual o Estado deveria prover e distribuir todos os bens, quer dizer, o que quer que tenhamos, será apenas graças à generosidade do Estado.

Mas será imoral aproveitar-se de bens para os quais não nos esforçamos pessoalmente? Pode-se duvidar disso. Quando herdamos bens materiais de nossos antepassados, também não trabalhamos para tê-los. Mas um mundo sem heranças, como os anarquistas uma vez almejaram, seria inconcebível. A quantidade de mudanças que deveriam ser feitas para que isso acontecesse seria inimaginável.

De modo similar, não fomos recompensados por algum esforço praticado com nossos talentos naturais e nossas habilidades – fomos premiados pela loteria genética, embora, muitas vezes, precisemos trabalhar duro para aproveitar esses talentos. Imaginamos que, para que um grande talento musical ou matemático dê frutos, é preciso esforço, mas seguramente há nele um forte componente genético. Todos sabemos que uma mulher de extraordinária beleza em geral tem uma vida mais fácil que outra, com a qual o destino não foi tão generoso. Contudo, ela também precisa se esforçar para preservar sua beleza, assim como um mestre em xadrez deve se esforçar, muito embora parte de seu talento seja inata. Fazer uso de bens pelos quais não lutamos para merecer não pode ser considerado imoral, já que não há uma regra de justiça na distribuição dos acasos, a não ser o desígnio divino, cujo funcionamento nunca conseguiremos entender.

Ganhar na loteria na verdade não exige nenhum esforço, e por essa razão nos parece algo mais injusto que um talento herdado. Mas dizer que algo é "mais injusto" não nos leva a lugar algum, porque "justiça" não é uma categoria que combina com o acaso. Em outras palavras, aquilo que acontece por acaso pode ser favorável ou desfavorável, mas não pode ser justo ou injusto.

Sobre a grande traição

Todos nós nascemos como membros de um grupo étnico. Nossa participação nessa comunidade é um fato que independe de nós: não escolhemos a nossa nação, da mesma forma que não escolhemos a nossa família. As relações posteriores com as pessoas – sociais, profissionais, políticas e sexuais –, em sua maioria, provêm de nossas escolhas.

Pode parecer que a posição que ocupamos no mundo, que nos foi apresentada como um fato, independentemente de nossa vontade, não nos force a um compromisso, não seja uma amarra. Afinal de contas, não nos inscrevemos para ser membros da nação e também não pedimos a nossos pais que nos trouxessem ao mundo. Podemos pensar então que estamos atados apenas aos relacionamentos que escolhemos. Entretanto, na realidade, tendemos a sentir o contrário: nos sentimos atados à lealdade incondicional a nosso país e à nossa família, e vemos a traição a eles como o pior dos pecados. Mas nos sentimos livres para abandonar, sem medo de reprovação, aquelas várias relações interpessoais que escolhemos por vontade própria – como um partido político, por exemplo.

Há ainda uma terceira forma de lealdade que recai sobre essas outras duas: a lealdade a uma Igreja ou religião. Ela ocupa posição intermediária porque, apesar de a associação religiosa não se dar pelo sangue ("as pessoas não nascem cristãos, mas se tornam", como dizia São Jerônimo), na maioria dos casos, ao fazermos nossa escolha, somos influenciados pelo ambiente em que nascemos; nos ambientes onde se batizam as crianças logo após o nascimento, como na Igreja romana, em geral a associação religiosa resulta da associação familiar. Troca de fé ou o abandono da própria comunidade religiosa são dolorosamente sentidos, bem como estigmatizados nessas comunidades. No Islã, isso é um crime que invariavelmente implica pena de morte.

Não deveríamos, portanto, ficar surpresos com o fato de a traição à comunidade à qual pertencemos, não por escolha, mas pelo nascimento, ser rigidamente estigmatizada. Uma nação, assim como um indivíduo, é uma obra, não uma designação humana, e, então, não precisa justificar sua existência. Ela simplesmente existe porque existe; essa é a própria justificativa. O mesmo ocorre com o indivíduo: sua existência contém sua própria legitimidade. Pertencer a uma nação, na medida em que isso é o resultado de nossas próprias escolhas, é algo que sempre carregaremos conosco; se rejeitássemos ou negássemos essa legitimidade, seria como se aniquilássemos a nação em si.

É diferente no caso das associações às quais pertencemos por força da vontade, por exemplo, partidos políticos ou Igrejas (considerando a observação feita). Essas associações precisam explicar a sua razão de ser, pois existem por um propósito específico, e sua validade reside no cumprimento desse propósito. A Igreja existe para disseminar a verdade e distribuir os bens necessários para a salvação eterna. Partidos políticos também existem para disseminar a sua própria verdade e energia em prol de uma causa – garantir a salvação terrena, por exemplo, construindo um mundo ideal e eliminando seus inimigos ou, pelo menos, resolvendo algumas questões que existem verdadeiramente para o bem-estar da humanidade.

Suponhamos que eu seja membro de determinada seita. Em um dado momento, dou-me conta de que fui enganado: ela é obra de um charlatão mentiroso, o qual se passa por Deus com o objetivo de obter dinheiro e favores sexuais dos fiéis. Então, abandono essa seita, ou seja, eu a traio. Da mesma forma, posso deixar, isto é, trair, um partido político, já que me convenci de que seu objetivo é a escravidão, e não a libertação das pessoas. Em tais situações, o vocábulo "traição" tende a ser usado apenas pelos membros dessa seita ou desse partido, pois a palavra em si não é neutra, mas sim carregada de condenação – embora a maioria de nós não culpe as pessoas que abandonam uma seita liderada por alguém inescrupuloso e maluco ou um partido fascista ou comunista. Nosso uso do termo "traição" exclui a possibilidade de a traição ser uma coisa boa, porque a coletividade traída não merece nada melhor.

Logo, são nossas próprias opiniões que determinam se algo é ou não uma traição. Um alemão que durante a guerra trabalhou para os aliados, colaborando com os inimigos de seu país, o Estado nazista, não pode ser chamado de traidor. Ao contrário, acreditamos que ele mostrou coragem ao defender uma justa causa. Em outras palavras, consideramos algo traição ou não dependendo daquilo que, em nossa opinião, é uma responsabilidade moral ou, pelo menos, algo moralmente bom.

Logo nos damos conta de que a questão é ambígua. Relutamos em admitir que alguns atos de traição podem ser moralmente bons apenas porque temos assimilado o conceito de traição com a nossa própria moral e opiniões políticas, que não são necessariamente óbvios. Com certeza, expor alguém à morte de maneira consciente, alguém que tem o direito de esperar a nossa lealdade, é um caso em particular repugnante de traição, e é por isso que tanto Judas quanto Brutos estão no mais profundo círculo do inferno de Dante. Com certeza, Hitler também teria o direito de esperar lealdade de seus generais, os quais nós não mandaríamos para o mesmo lugar que Hitler por terem tentado matá-lo.

Pode-se dizer que uma coisa é o país, outra é a nação, e que podemos renegar (ou trair) o país em nome do bem da nação – país este que for utilizado como instrumento do mal, ainda que seja apoiado pela maioria da população e que seja independente, como era a Alemanha de Hitler ou a União Soviética de Stalin, e não feito escravo pela força, como a Europa Central e o Leste Europeu depois da Segunda Guerra. No nosso século é muito difícil repetir o dito "este é meu país, esteja ele certo ou errado"; no século XIX era mais fácil concordar com isso, que não se podia trair o rei nem o país, mesmo que esse país tivesse pecado muito, se fosse mesmo o meu país, e não o de algum invasor. No século XX, o critério decisório não é mais a manutenção da tradição ou a lealdade à nação, mas a ideologia: quando a ideologia é correta, a traição não é traição.

Não se pode dizer sem restrições que a traição é permitida quando o próprio país não é legalmente correto, pois em quais critérios vamos nos basear para decidir sobre a legalidade dele? Em relação às leis internacionais, cada país é legalmente correto quando é considerado assim pela comunidade internacional, ou seja, a ONU. Contudo, entre os países reconhecidos por ela há regimes tiranos dos mais terríveis, e Estados que promovem o massacre em massa de seus cidadãos; a traição a esses países parece um mérito, e não uma condenação. Mas, como as ideologias variam, não pode haver acordo quanto à avaliação da traição. Os agentes soviéticos que espionavam países democráticos, para ajudar a tirania comunista, faziam-no primordialmente por razões ideológicas, pelo menos no início do comunismo (nas últimas décadas, já o faziam por dinheiro ou como consequência de chantagem). Diríamos que essas pessoas, como a rede soviética em Cambridge, estão justificadas, já que trabalhavam ideologicamente? E, se não se pode justificá-los, seria porque a ideologia deles era errada ou criminosa? Percebamos a dificuldade. Os motivos ideológicos frequentemente não passam de emoções, e, se pudéssemos justificar emoções, tudo seria justificável, e toda a ideia de traição perderia o sentido.

Entretanto, há algo insatisfatório em apenas apontar as ambiguidades envolvidas em relação à traição. Precisamos conceituá-la como um ato mau por natureza, descrevendo-a sem necessariamente incluir alguma ideologia política ou filosófica, mas sim realizando distinções simples, e não sofisticadas, entre o certo e o errado.

As pessoas que, por exemplo, repassam segredos que lhe foram contados em confiança – seja por vantagem pessoal, seja por diversão – estão praticando a traição. Chamamos essa atitude de "trair a confiança". Nesses casos, em que estamos lidando com indivíduos, julgamos facilmente como traição, mesmo que possa ser perdoada pelas vítimas, como ensina o exemplo de São Pedro, que negou o seu mestre e salvador na hora do perigo, e mesmo assim foi por Ele nomeado o sucessor e edificador da Igreja. Mas devemos deixar de lado as interpretações teológicas desse famoso evento.

Porém, a traição política é uma noção mais ambígua por uma variedade de razões. Primeiro porque o certo e o errado não estão claramente separados na política; é raro encontrar situações tão explícitas como a da Segunda Guerra Mundial. Segundo, como resultado da primeira situação, temos que diferenciar um mal maior de um mal menor. Portanto, somos forçados a reconhecer, por exemplo, que, considerando tudo o que sabemos sobre o comunismo e o resultado da guerra, as pessoas que trabalharam para a Inteligência soviética contra os alemães serviram a uma boa causa, já que lutavam contra os alemães, que, na época da Alemanha nazista, eram os piores demônios. E, em terceiro lugar, não podemos desconsiderar as motivações: as pessoas que traem uma má causa, mas o fazem em proveito próprio, e não porque se trata de uma má causa, não merecem respeito; contudo, aqueles que servem a uma má causa por motivos ideológicos, não egoístas, também não se justificam, quando não é difícil reconhecer que se trata de uma má causa. De qualquer forma, não se pode resolver o fato de que na política não existe um bem absoluto, o que facilmente nos traz a suposição – já um pouco mais duvidosa – de que não existe também um mal absoluto.

Uma coisa é certa: as pessoas frequentemente discutirão sobre a avaliação de casos específicos – se esta ou aquela atitude merece ser chamada de traição. Mas, se achamos mais fácil lidar com casos em que a vítima da traição é um indivíduo, e não uma nação, um estado ou uma Igreja, é porque nessas situações sabemos mais ou menos o que é importante e a que devemos nos prender. Se soubermos como agir em relação a isso, então teremos mais facilidade em lidar com os casos nos quais os traídos forem países, nações e Igrejas.

Sobre a violência

A violência é uma parte da cultura, mas não da natureza. Quando um pássaro engole um pernilongo ou um lobo mata um veado, não dizemos que foram atos de violência. Também não consideramos violência – a não ser que fôssemos fanáticos pelos direitos dos animais – o ato de cozinhar camarões. Usamos a palavra "violência" apenas em relação às pessoas; somente as pessoas podem sofrer ou praticar violência. Cometer um ato de violência significa forçar outras pessoas a certo comportamento, frustrar algumas ações ou apenas sentir prazer em fazer algo ruim aos outros.

Tipicamente, também diferenciamos a violência justificável da injustificável: instituições governamentais, como a polícia, os tribunais e legisladores justificam sua violência como forma de prevenir ou castigar uma série de comportamentos reconhecidos como crimes. No entanto, há quem condene todas as formas de violência, incluindo o uso da força pelo Estado, embora seja difícil imaginar um mundo em que nada seja punido pela lei. Algumas pessoas que acreditam que a violência em qualquer instância é errada tentam justificar sua crença apelando para o Sermão da Montanha, em que Jesus nos disse para não contrariarmos o mau, mas para oferecermos a outra face. Entretanto, Jesus falava das posturas de um indivíduo em relação à violência de outros. Ele mesmo, em seu martírio e morte, deu um exemplo de como se pode, não por medo, mas com base na da fortaleza moral, não responder com violência à violência, e ainda assim conquistar o mundo. Não falou sobre a organização de um país e não deixou nenhuma doutrina política; viveu à espera de um breve fim do mundo, sem saber, conforme confessou, a data em que isso ocorreria. Ele mesmo, entretanto, se serviu da violência quando expulsou os mercadores do templo.

A violência tem sido uma parte inseparável das histórias humanas desde o seu início. A guerra é tão só uma forma de violência coletiva organizada. Não se conclui a partir daí que guerra e violência sejam coisas boas. Ademais, muitas pessoas pensam que a guerra não é somente algo natural, mas parte da vida, uma oportunidade para aflorarem as virtudes masculinas, tanto a coragem quanto o espírito de sacrifício pelo interesse de sua tribo. Para essas pessoas, a guerra é a melhor maneira de aprimorar a grandeza do espírito, o heroísmo e a capacidade de suportar sofrimentos. Na verdade, a coragem é algo inegavelmente bom, e essas pessoas argumentam que a guerra era algo benéfico, pois dava a oportunidade de desenvolver precisamente essas virtudes tão úteis em tempos guerra. Há nisso um entendimento de que as guerras sempre existiram e sempre existirão.

Se for possível supor sem medo que a violência em suas várias formas sempre será uma constante, então é possível que sempre haja guerras também. Existem razões para acreditar que as guerras continuarão, não somente como consequência dos antigos ódios tribais, mas também como resultado de conflitos reais, por exemplo, pelo acesso à água ou a terrenos cultiváveis, ou simplesmente pelo espaço, quando o adensamento humano se tornar insuportável. Porém, a glorificação da guerra como tal parece incompreensível para a maioria das pessoas que viveram durante a Segunda Guerra Mundial, com todas as suas atrocidades. Pierre Proudhon e, depois, Georges Sorel elogiavam as guerras, mas, quando pessoas de gerações futuras o fizeram, como Ernst Jünger, o que eles tinham em mente era a Primeira Guerra Mundial.

Hoje é raro encontrar alguém que elogie a guerra por ela mesma, e as inúmeras chacinas tribais na África ou também as atrocidades na Bósnia não fornecem muito material para glorificar a beleza da arte da guerra. De qualquer modo, é digno de nota que, ao longo de incontáveis guerras, grandes e pequenas, que aconteceram em quase todos os cantos do mundo depois da Primeira Guerra Mundial, não houve nenhuma sequer em que de ambos os lados lutassem países democráticos, pois as guerras nascem da tirania. Seguramente, inúmeros pecados pesam na consciência de países democráticos, os quais, às vezes, usavam de violência na política imperial, mas não guerreavam entre si, e conseguiam construir mecanismos pelos quais os conflitos eram resolvidos pela negociação e por compromissos, por vezes juntando mentiras e chantagens, mas sem carnificinas.

Há boas razões para a comparação estereotipada entre Atenas e Esparta. A cultura polonesa na verdade veio de Atenas, cidade portuária, onde se educava a juventude (os cidadãos, claro; não os escravos) no amor pela poesia, pelas artes e pela filosofia, e não de Esparta, onde as habilidades militares dominavam completamente a educação, embora Atenas também praticasse uma política imperial. A violência pode ser uma parte inevitável da vida, e precisamos estar sempre preparados para ela, mas para isso não é preciso demonizar (isto é, pensar como os espartanos) ou vê-la como um mal necessário.

Teoricamente, parece simples distinguir a violência justificada da injustificada, ou seja, tomando um exemplo bastante particular, a guerra defensiva e a guerra ofensiva; porém, poucas são as vezes em que isso está claro. No século XX, como sabemos, em todas as guerras só houve os invadidos; ninguém se autoproclama agressor, mesmo que tenha bases ideológicas para a concretização da agressão, como no caso da Alemanha nazista (a necessidade em *Lebensraum* de uma raça superior) e da União Soviética de Lênin (o princípio de que a guerra sempre é justificada se quem a faz é um país socialista, a encarnação da classe progressista; logo, questionar quem a começou é irrelevante). Em algumas situações, a identificação do agressor é fácil: Alemanha, em 1939; Japão, em 1941; União Soviética, em 1939, e, depois, em 1956, na Hungria; e Coreia do Norte, em 1950; em outras, porém, são plausíveis as dúvidas, e a pergunta "quem começou?" pode ser tão difícil de responder como no caso de uma briga de meninos na escola ("ele me derrubou", "porque ele me chutou", "porque ele me empurrou primeiro", "porque ele me chamou de porco", "mentira, foi ele que me ofendeu primeiro" etc.).

É, portanto, uma questão tão difícil quanto diferenciar, sem sombra de dúvidas, a violência justa da injusta. Bater em crianças com finalidades educativas é uma violência e, sem dúvida, pode-se passar sem isso, mas não chamamos de violência algumas das limitações físicas a que submetemos as crianças pequenas para evitar que se machuquem. E o que dizer sobre a chamada doutrinação, a imposição a crianças, seres mentalmente desprotegidos, de certas crenças? Afinal, quando iniciamos uma criança em nossa cultura, nós a estamos doutrinando; isso é inevitável. Podemos dizer, então, que a doutrinação pode tomar duas formas, uma boa e outra ruim, e que a ruim deve ser descrita como violência? Entretanto, se diferenciarmos a boa doutrina da ruim, tendo como base aquilo que consideramos princípios, normas e crenças corretas, nossa definição de violência será baseada em nossa própria visão de mundo, algo que por certo não funcionará.

Em geral, pode-se falar de "violência moral" quando não há opressão física? A chantagem é claramente um tipo de violência;

alguém que anuncia uma greve de fome para conseguir certas concessões das autoridades é um exemplo menos óbvio. O prisioneiro que faz greve de fome, protestando contra as terríveis condições na prisão, está justificado, já que não tem nenhuma outra forma de luta; agora, a atitude de alguém que quer, por meio da greve de fome, forçar concessões políticas de um governo democrático provavelmente seria considerada uma forma de violência.

Parece claro que, para distinguirmos a violência justificada da injustificada, precisamos ser capazes de avaliar os fins para os quais cada uma é aplicada. No caso em que o objetivo, sem nenhuma dúvida, tem mérito e – o que é muito importante – não tem outras formas de luta, a violência se justifica, embora nem sempre seja prudente. Não é possível lutar contra uma tirania terrível sem violência, e mesmo os teólogos cristãos justificariam o assassinato do tirano. Vimos nos países totalitários uma luta eficaz sem violência. Entretanto, isso aconteceu nos tempos em que o totalitarismo já estava bastante enfraquecido; quando estava forte, e podia ser implacável com a impunidade e com as lutas pela liberdade que eram sempre sem sucesso, o regime estava em condições de esmagar qualquer demonstração de desobediência e não permitia que as notícias se espalhassem.

O objetivo que pode justificar a violência deve ser claramente definido, específico e perceptível: conquistar a independência de um país escravizado, matar um déspota atroz, castigar um assassino. Os jovens que, nos anos 1960, clamavam pela violência e fugiam para a violência "revolucionária" a fim de construir uma "comunidade alternativa" (sobre a qual não sabiam dizer absolutamente nada, e até se vangloriavam de não o saber) não tinham nenhuma justificativa, da mesma forma que seus professores, por exemplo, Sartre e Marcuse. Eles apenas ficavam sonhando que destruiriam as instituições democráticas e introduziriam a própria tirania. Felizmente, não obtiveram sucesso. Nesses mesmos anos, outras pessoas nos países comunistas iniciavam uma luta contra a tirania usando como arma a palavra, sem violência – toda a violência estava do lado dos governantes. No final, essa luta demonstrou ser eficaz, pois mudou, embora devagar, a mente das pessoas, mostrando que é possível vencer o medo e descobrir as mentiras e as impropriedades do poder. Nesses casos, o uso de algumas formas de violência poderia ter sido justificado, embora provavelmente fosse ineficaz.

É fácil dizer que queremos um mundo sem violência, mas ninguém ainda apareceu com uma receita sensata para esse mundo. Condenar todas as formas de violência absoluta e indiscriminadamente é condenar a vida. Porém, um mundo onde a violência seja dirigida somente contra o crime, a escravidão, a atrocidade, a agressão e a tirania não é uma ideia insensata, mesmo considerando que temos boas razões para duvidar de que tal mundo um dia possa existir.

Sobre a liberdade

Existem duas áreas de pensamento, cada uma bastante extensa, nas quais o tema da liberdade é considerado. Ambas são lógica e distintamente independentes entre si; na verdade, a tal ponto, que é de se duvidar do fato de lidarem com a mesma coisa. A primeira área é aquela recorrente no pensamento humano, que desde tempos imemoráveis luta com a pergunta "será o homem livre?" – livre com base na natureza da própria humanidade ou se desde o nascimento goza de liberdade inalienável. Essa instância tem sido relacionada à questão de se o homem é livre pela virtude de sua humanidade simplesmente, ou seja, o livre-arbítrio. A segunda área relaciona-se à liberdade do homem como um membro da sociedade e lida com a ação da liberdade social, à qual também chamamos de libertação.

Quando dizemos que o homem é livre pela virtude da natureza de sua humanidade queremos dizer que, entre outras coisas, ele é capaz de fazer escolhas, e que suas escolhas não são totalmente dependentes ou causadas por forças além de sua consciência. A liberdade, no entanto, não é apenas a capacidade de escolha entre possibilidades prontas, mas também a criatividade, a criação de coisas completamente novas e imprevisíveis. Ao longo da história de nossa cultura, a liberdade do homem tem sido negada com tanta frequência quanto tem sido afirmada. Essa disputa está relacionada, porém não da mesma forma, à disputa sobre o determinismo comum. Se cada acontecimento fosse definido pela soma de suas condições, a possibilidade do livre-arbítrio não seria possível. Se, de fato, a causalidade universal fosse tão inexorável, talvez fôssemos forçados a conclusões paradoxais. Pois, se algo é completamente determinado por suas condições, então é, em princípio (embora não necessariamente na prática), previsível. Assim, se o real determinismo fosse verdadeiro, poderíamos nos imaginar, uma vez que nossos poderes de previsão fossem suficientemente aperfeiçoados, abrindo um jornal de manhã e lendo algo como: "John Green, o famoso compositor, nasceu ontem à noite em Twickenham. Amanhã, a Filarmônica de Londres comemorará esse evento tocando sua Terceira Sinfonia, que ele comporá aos 37 anos".

No passado, os físicos, assim como inúmeros filósofos, acreditavam em um determinismo direto. Não dispunham de provas; no entanto, acreditavam nisso como uma realidade de uma mente sã, de que só loucos duvidavam, e que era uma regra essencial do pensamento científico e racional. Em nosso século, em virtude da mecânica quântica e, nos últimos tempos, da teoria do caos, rompeu-se essa crença, e os físicos abandonaram esse dogma determinístico. Disso não se pode, é claro, deduzir que as pessoas são dotadas de livre-arbítrio – os elétrons não têm livre-arbítrio –, mas a física não impediu nem destruiu nossa fé no livre-arbítrio. Não só podemos como devemos acreditar na liberdade de escolha no sentido mencionado: a capacidade não apenas de escolher, mas de criar novas possibilidades. Essa experiência de liberdade é tão fundamental para cada ser humano que sua realidade parece irresistivelmente evidente, embora não possamos prová-la separando e analisando seus elementos constitutivos. Mas o fato de isso parecer tão óbvio não é razão para duvidar de se é real. Somos, na realidade, atores livres naquilo que fazemos, e não meros instrumentos das diversas forças existentes no mundo – mesmo que sejamos, é claro, submetidos às leis da natureza. Na verdade, também nos colocamos metas, boas ou ruins, que se tornam nossos objetivos. Tanto condições externas quanto outras pessoas podem invalidar nossos desejos. Podemos, por exemplo, estar tão constrangidos fisicamente, que não estamos em condição de fazer escolha alguma de modo efetivo, e, no entanto, nossa capacidade de escolha ainda está lá, mesmo que talvez não possamos tirar proveito dela.

Não existe aqui razão para concordar com Santo Agostinho e com Kant de que só estamos livres quando escolhemos o bem, e não o mal, e que então a nossa liberdade se define pelo teor de nossas escolhas, e não por nossa capacidade de escolher. Garantir isso é empurrar as próprias doutrinas morais para dentro do conceito de liberdade. Essa liberdade nos é dada por nossa humanidade, que nos concede aquilo que é único à nossa existência.

A segunda área relativa à liberdade lida com uma questão muito diferente, pois seu tema é nossa liberdade não como seres humanos, mas como membros da sociedade. A liberdade, nesse sentido, não se deriva da natureza de nossa existência, mas de nossa cultura, sociedade e direito. Trata-se de uma área das ações humanas na qual a organização social não proíbe nem obriga a nada, mas nos deixa livres para escolher como agir sem medo nem represálias. Essa é a liberdade à qual também chamamos libertação.

A liberdade assim é verdadeiramente gradativa: pode haver mais ou menos dela, e costumamos mensurar os diversos ambientes políticos com medidas de liberdade. A escala é perfeita tanto para regimes totalitaristas (como a Rússia stalinista, a China maoista e outras variedades da Ásia comunista ou o Terceiro Reich) como para aqueles em que as ordens e proibições são limitadas a um mínimo. Os regimes totalitários têm ambições de controlar todas as esferas das ações humanas e não deixar nada para a escolha dos indivíduos. Os regimes tirânicos, mas não totalitários, querem retirar a liberdade das pessoas em todos os campos onde ela possa ser uma ameaça ao poder, mas, naqueles assuntos indiferentes à conservação do poder, não buscam o controle total e não precisam manter uma ideologia global, de ampla abrangência.

É fácil perceber que, apesar de a liberdade poder ser reduzida a zero, não pode, no entanto, ser ilimitada. O hipotético "estado natural" discutido por teóricos da vida comunitária, um Estado desprovido de lei, regra, organização da vida coletiva, mas que viva com uma interminável batalha de todos contra todos, nunca existiu; se tivesse existido, não teria sido absolutamente um estado de liberdade ilimitada. Não se pode dizer que em tal mundo "tudo é permitido" porque algo só pode ser permitido ou não por alguma lei. Onde não existe lei, não existe liberdade: a palavra simplesmente perde seu significado. A liberdade em nosso mundo é sempre restrita. Robinson Crusoé não se aproveitou de uma liberdade ilimitada nem de qualquer outra, afinal. A liberdade – em menor ou maior grau – só pode existir onde algo é permitido e algo mais é proibido.

Talvez a piada a seguir, que deve datar de antes da Primeira Guerra Mundial, possa esclarecer as coisas: "na Áustria, o que não é proibido é permitido; na Alemanha, o que não é permitido é proibido; na França, tudo é permitido, inclusive aquilo que é proibido; na Rússia, tudo é proibido, inclusive aquilo que é permitido".

Podemos ver, portanto, que, embora esses dois sentidos da palavra "liberdade" sejam muito diferentes, de forma que se pode ter liberdade em um dos sentidos e não no outro, eles são tão próximos, que não choca o fato de usarmos uma só palavra, contanto que não misturemos os sentidos. Em ambos os casos, trata-se da possibilidade de escolha: liberdade, no primeiro caso, é a nossa habilidade como seres humanos de escolher e criar – embora o fato de termos essa habilidade não pressuponha nada quanto à variedade de escolhas que estão de fato abertas para nós; no segundo sentido, trata-se da área em que a sociedade e o direito nos deixam livres para fazermos nossas próprias escolhas. Devemos tomar cuidado com dois erros comuns quando falamos de liberdade. O primeiro é quando confundimos liberdade com a satisfação de todos os nossos desejos e daquilo que consideramos nossos direitos. Não existe nada de errado em dizer "libertei-me da dor" ou "da fome"; mas, embora não sofrer de dor e de fome sejam desejos humanos dos mais elementares, ainda assim não é apropriado dizer que, quando todos os desejos são realizados, gozamos de um tipo especial de liberdade. Por isso, falar nesse momento de "liberdade" é errôneo. Aqui, a questão não é a abrangência nem a possibilidade de escolha ou de criação de algo: a dor já passou e assim está bem; livrar-se dela é um bem bastante desejado. Assim como pode ser um bem desejado uma maçã para um faminto, ou o sono para o cansado, ou qualquer coisa que as pessoas desejem. Libertar-se da dor ou comer uma maçã não é, entretanto, uma qualidade da liberdade, mas, sim, o bem desejado. Tantas pessoas no nosso século e antes dele entregaram a vida na luta pela liberdade em seu sentido correto que esticar o significado da palavra para incluir tudo o que as pessoas possam desejar escurece a nossa mente e acaba com a utilidade correta do termo; perde-se a noção da raiz da questão. A diferença comum entre "liberdade de" algo e "liberdade para" algo é dispensável.

O outro erro com o qual deveríamos tomar cuidado consiste na ideia de que a liberdade nesse segundo, e correto, sentido não tem significado caso os outros desejos não sejam atendidos. Esse era um argumento comumente utilizado pelos comunistas: "de que vale a uma pessoa faminta e sem trabalho se o país tem liberdade política?". Claro que vale. A fome pode na verdade ser um sentimento premente, maior que o da falta de liberdades políticas, mas, quando essas liberdades estão presentes, os famintos sem trabalho têm muito mais chances de tentar melhorar o seu destino: podem se organizar na luta pelos seus direitos e proteger seus interesses.

Portanto, se é impróprio chamar de liberdade todos os bens desejados, então não há dúvida de que a liberdade no sentido correto é também claramente um bem desejado. Além disso, é um bem por si mesma, e não somente porque é a ferramenta e a condição para a aquisição de outros bens.

Disso absolutamente não resulta que, quanto mais liberdade (nesse sentido exato), melhor. A maioria de nós provavelmente sente como algo bom que várias ações, antes tratadas como crimes, como magia e homossexualismo, não sejam mais vistas dessa forma, pelo menos nos países civilizados. Porém, ninguém em seu juízo perfeito exigiria que tivéssemos a liberdade de andar de carro pelo lado direito ou esquerdo, conforme desejássemos. Em vários países, surgem opiniões de que as crianças nas escolas têm demasiada liberdade e muito pouca disciplina, e que com isso sofre o nível de ensino, bem como a educação de cidadania e moralidade. Na verdade, não é absolutamente certo que as crianças, desde os mais tenros anos, desejem ter a maior possibilidade possível de escolhas, embora de certo esse desejo cresça com a idade. De modo geral, as crianças pequenas concordam naturalmente com o que os adultos lhes dizem sobre o que devem fazer, e não exigem que lhes deixem a escolha. Mesmo nós, os adultos, facilmente concordamos com a escolha de outros em vários assuntos; não nos sentimos seguros e esperamos pelos conselhos de especialistas, mesmo sabendo que nem todos os especialistas merecem confiança. Sabemos que uma boa escolha normalmente depende da familiaridade com o tema, e que ninguém pode se vangloriar de possuir conhecimento suficiente em todos os assuntos quando necessita fazer uma escolha. Temos liberdade, mas preferimos não nos aproveitar dela quando se trata de temas que não nos são familiares.

Em síntese, não há uma regra geral válida que defina quanto de liberdade é bom para nós. Algumas vezes, estamos certos em pensar que podemos ter muito mais liberdade do que nos é suficiente, e que liberdade além de certo limite pode causar prejuízos. Quanto a isso, o excesso, sem dúvida, é mais seguro do que a insuficiência, e pode ser mais prudente, pois a lei, ao errar pendendo para a liberalidade, e não para a cautela sobre a medida da liberdade, favorece os cidadãos; mas mesmo esse princípio não pode ser reconhecido sem restrições.

Sobre o luxo

Por vezes usamos a palavra "luxo", e seu sentido nos parece claro; sabemos o que significam expressões do tipo: "Essas pessoas estão nos luxos da vida e não se importam com a pobreza", "Não posso me permitir um carro tão luxuoso", "O luxo é repreensível, mas prazeroso". Quando procuramos definir a palavra, imediatamente se torna claro que se trata de uma tarefa inalcançável. Logo nos vem à mente que o luxo é algo que as pessoas desejam, mas de que absolutamente não necessitam; é algo sem o qual se pode viver bem. Mas podemos viver, por exemplo, sem arte, sem música, sem literatura, sem vinho, e, ainda assim, não diríamos que essas coisas são luxos. Inúmeras obras modernas são tratadas como dadas pela natureza, e não temos a impressão de que ter eletricidade, televisão e automóvel seja evidência de uma vida com luxo. Sabemos, no entanto, que a humanidade viveu por séculos sem essas novidades, as quais, por esse motivo, não são essenciais. As pessoas também viveram sem leitura, escrita e ferramentas, mas não diríamos que essas coisas não são realmente necessárias. Contudo, imprescindível mesmo é somente o atendimento de nossas necessidades fisiológicas básicas. Então, pode-se garantir que tudo, além disso, é luxo. Derrubar o luxo seria como voltar à Idade da Pedra. Poucas pessoas se alegrariam com tal projeto.

Cada um de nós, sem dúvida, tem uma vaga ideia sobre o que é luxo, como algo digno de punição e que provavelmente soa como: "Luxo é aquilo que eu não desejo, mas os outros, sim; aquilo que eu desejo pertence à categoria das necessidades 'verdadeiras'; outras coisas podem ser desejadas, mas não são necessárias".

É fácil perceber que diferenciar entre aquilo que as pessoas desejam e aquilo de que de fato necessitam é completamente arbitrário e frívolo. Suponhamos que eu tenha um carro pequeno e de qualidade modesta e não sinta que precise de um carro maior ou melhor. Que direito eu tenho em declarar que alguém que tenha três carros não precisa deles de verdade? Com qual critério eu poderia determinar isso? Eu poderia dizer que querer três carros é apenas uma necessidade imaginada?

Talvez devamos dizer que qualquer coisa que desejemos seja uma necessidade real para nós. Afinal, todo o desenvolvimento da humanidade é baseado na criação de novas necessidades e nas novas maneiras de satisfazê-las. Uma vez que todas essas necessidades são componentes da cultura, e não da natureza, a ideologia do "retorno à natureza" poderia criticá-las como "artificiais", mas poucos de nós aceitam tal julgamento. As pessoas viveram sem automóveis e sem geladeiras, porém, agora que tais utilidades se tornaram também acessíveis, não se pode mais imaginar a vida sem elas.

Deveríamos, então, abandonar o conceito de luxo como algo inútil e sem sentido? Não necessariamente: talvez devêssemos observar outros critérios que estejam de acordo com a nossa intuição, por meio dos quais o luxo poderia ser definido. Algumas coisas, antes tidas como luxuosas, tornaram-se de forma geral acessíveis, pelo menos nas partes mais ricas do globo terrestre, enquanto outras, não. Não é possível dar a todos um castelo no Loire; é possível (teoricamente) organizar uma revolução anarquista ou bolchevista e despejar todos os donos de castelos no Loire, só que nesse caso os castelos, em vez de pertencer a famílias aristocratas, passariam a pertencer aos secretários do partido governante – certamente isso não é um lucro que valha os milhões de cadáveres que essa revolução teria de produzir. Naturalmente, ficamos chocados quando vemos ilhas luxuosas em meio a tanta pobreza. Mas, apesar de darmos o máximo de nós na luta contra a fome e procurarmos melhorar a vida dos pobres, talvez não valha a pena lutar contra o luxo – ou como quer que o definamos. Lutar pela derrubada do luxo como um objetivo em si mesmo não é uma ideia nobre de justiça, mas, sim, de inveja.

Será que poderíamos definir o luxo supondo que não nos importa nesse momento a sua derrubada, o deserdar dos ricos, mas simplesmente o lucro imaginado? Tomemos um exemplo. Quando existiam apenas relógios mecânicos, os relógios da marca Patek-Philippe custavam uma fortuna e tinham a reputação de serem os mais precisos e dignos de confiança no mundo. Hoje em dia, qualquer relógio de pulso de 25 dólares é certamente tão preciso quanto um Patek, e os relógios Patek continuam a custar uma fortuna e a ser comprados. Por que, então, as pessoas os compram? Para mostrar quão ricas são? Ou para que se lembrem disso constantemente? Parece então que a qualidade do relógio de medir o tempo corretamente é totalmente desimportante, e que o que importa não é a função de mostrar o passar do tempo, mas algo diferente. Há muitos exemplos. Um superluxuoso Rolls Royce é dez vezes melhor que um modesto Ford, mas será que é melhor por custar dez vezes mais? Outro exemplo: pode-se supor que, com os contínuos progressos na técnica de reprodução de quadros, cada um poderá ter em casa uma reprodução de Van Gogh ou de Vermeer, que será totalmente indistinguível do original; mas algumas obras de Van Gogh vão continuar a aparecer nas licitações, e algumas pessoas muito ricas as comprarão por milhões. Esnobismo? Pode ser. Mas a maioria de nós preferiria o original à imitação. Há indubitavelmente certo tipo de satisfação em possuir algo que sabemos ser único. E esse tipo de satisfação deve realmente ser criticado? Como sabemos, a necessidade e a avareza humanas não têm limites. Sendo assim, uma definição "objetiva" e universalmente aceita do luxo é, conforme parece, impossível. O que é ou não luxo é sempre definido com uma correlação com uma civilização em especial, com condições históricas, com algum país ou classe social. A avareza, embora moralmente repreensível e responsável pela maioria dos crimes que os homens cometem, é também responsável (com a preguiça) pelos mais estupendos resultados da criatividade técnica humana, os quais tornam a nossa vida mais fácil, mais confortável, mais luxuosa (no sentido moralmente neutro), enquanto as tentativas de liquidar a avareza por meios institucionais terminam com uma massa ilimitada de sofrimentos e pobreza. Aquilo que é moralmente ruim não precisa sê-lo também em outros aspectos. Podemos considerar esse pensamento desagradável, porém vários filósofos, incluindo Hegel e Leibniz, sempre o consideraram uma verdade. Até mesmo os teólogos discutiam quanto aos infinitos e abençoados resultados do pecado original. Os calvinistas criticavam o luxo como forma de vida e queriam minimizar o máximo possível as diferenças entre ricos e pobres na vida cotidiana, mas não condenavam o acúmulo de riquezas. Ao contrário, incentivavam-no – incentivavam, inclusive, a ganância. Os católicos criticavam a ganância na teoria, mas não criticavam o luxo como tal – ademais, tinham fantásticos exemplos nas cortes papais. As palavras de Jesus sobre o camelo, o rico e a agulha não são hoje citadas muito frequentemente como regras que deveríamos seguir.

Se, apesar disso, ainda insistimos em que o luxo é sempre repreensível, então são necessárias outras diferenciações.

Os relógios Patek são extremamente caros e não são para a maioria das pessoas. Mas eles não divulgam seu preço de maneira grosseira ou vulgar; não parecem ostentação; não são relógios para os novos-ricos, que gostam de mostrar sua riqueza. Em síntese, são relógios elegantes, e elegância, apesar de não ser algo fácil de definir, não é algo repreensível. Isso é mais bem ilustrado pelos seguintes exemplos: uma mulher elegante prefere a moderação à ostentação; uma mulher enfeitada de joias como uma árvore de natal não é elegante. Um escritor elegante é aquele que consegue se expressar de maneira clara e concisa, mantendo o texto fiel à sua essência, de modo que o leitor tem a sensação de que a forma se casa perfeitamente com o conteúdo. Moderação parece ser um elemento essencial à elegância. Uma mulher elegante, um jogo de futebol elegante, um livro histórico elegante, uma elegante construção, uma elegante demonstração matemática, todos têm em comum a moderação: sua simplicidade e falta de ostentação lhes dão harmonia e graça. A elegância é facilmente reconhecível e é, por assim dizer, uma expressão de polidez, ao passo que a grosseria e a vulgaridade distinguem-se pela força, pela humilhação de outras pessoas e pela demonstração de sua superioridade e riqueza.

Assim, o luxo como algo repreensível não consiste em prazeres e satisfações desnecessárias, porque não existe uma definição universal daquilo que é essencial. Tratamos aqui, mais especificamente, do costume, característico dos novos-ricos, que se baseia na demonstração arrogante da própria riqueza, o que provoca raiva ou escárnio, dependendo do caráter do observador.

Sobre o tédio

Tentarei escrever sobre o tédio sem ser entediante. Em outras palavras, tentarei ser breve. O tema do tédio em si não é tedioso nem trivial, já que se trata de uma sensação que todos já experimentamos. Não é uma sensação prazerosa, mas também não pode ser chamada de sofrimento, a não ser em alguns casos extremos (como experiências psicológicas que envolvem o senso de privação, por exemplo).

O tédio, bem como as qualidades estéticas, pode ser experimentado ao mesmo tempo em que é atribuído à coisa experimentada: posso ficar entediado com uma história, e a história por si ser tediosa. Trata-se, portanto, de um assunto apropriado ao que se denomina estudo "fenomenológico".

Quando examinamos o uso corriqueiro de palavras, notamos, em primeiro lugar, que atribuímos tédio somente àquilo cuja observação se estende no tempo. Assim, uma peça, um show, uma tese histórica, um trabalho podem ser chamados de tediosos. Mas, em geral, não chamaríamos uma pintura de tediosa, pois é algo em que normalmente só damos uma olhada. Uma paisagem pode ser tediosa se a observarmos por um período mais longo, por exemplo, ao viajar de trem por uma planície coberta de neve. As coisas que experimentamos podem ser tediosas ou porque são repetitivas ou caóticas, sem sentido ou desarticuladas (embora uma história ou uma peça que descreva um mundo caótico e desarticulado não seja necessariamente monótona: Beckett e Joyce são bons exemplos); ficamos entediados quando nossa experiência sobre as coisas são permanentes e monótonas, tão sem novidade, que sentimos que estamos em um mundo onde algo novo nunca acontece e em que não podemos esperar que nada aconteça, e, se acontecesse, não nos importaríamos.

Alguém poderia argumentar que nada por si só é tedioso, já que as pessoas se diferenciam no aspecto de sua recepção aos diversos aspectos do mundo, e que a sensação de tédio depende de suas experiências passadas e das circunstâncias presentes. Um filme muito interessante torna-se monótono quando o vemos por uma segunda vez logo após a primeira, porque o que vai acontecer, para nós, já aconteceu. Uma pessoa com muito pouco treino musical não acha tedioso um concerto de violino de Tchaikovsky ou de Paganini ou um concerto de piano de Chopin, mas pode ficar entediada com algumas sinfonias de Brahms; por isso um conhecedor, como não compartilha desse sentimento, provavelmente o tacharia de ignorante. Uma passagem histórica pode me entediar, enquanto para outro pode parecer excitante, mas a minha recepção se explica pelo fato de esse tema não me trazer nenhuma lembrança, e, porque não vejo nenhum contraste, não sei diferenciar o que é importante daquilo que não é. Uma atividade pode ser monótona para aquele que a executa rotineiramente e por longo tempo, mas não para o principiante. Um romance policial de Agatha Christie seria extremamente entediante se tentássemos lê-lo em uma língua que não dominamos. E por aí vai.

Parece claro que o tédio e a monotonia dependem muito de nossas tendências e experiências pessoais, as quais não podem ser unânimes. Perguntar se algo pode ser "por si só" tedioso é como perguntar se qualidades estéticas são sempre projeções de nossa opinião pessoal ou se são, de algum modo, heranças da percepção do objeto, da coisa em si. Em ambos os casos há uma faixa de concordância e outra de discordância, em que se consideram dependentes as qualidades estudadas culturalmente. Entretanto, essa questão é simplesmente irrespondível: quando se veem essas qualidades, sempre existe uma influência mútua entre as coisas e a mente, e não faz muito sentido perguntar o que veio em primeiro lugar.

De modo geral, pensamos que o tédio é um fenômeno humano comum, um sentimento que nos afeta a todos, algo peculiarmente humano – e não um privilégio de Baudelaire ou de Chateaubriand. Não acreditamos que os animais o experimentem. Se não existem ameaças e suas necessidades fisiológicas estão satisfeitas e não fazem nada justamente para conservar energia, não há razão para pensarmos que estejam entediados. (Se os cães ficam entediados, como algumas vezes supomos que ficam, por certo é porque aprenderam isso conosco.) Ademais, não está claro quando e por que o tédio nasceu; não me parece que, antes do século XIX, esse tenha sido um tema literário ou filosófico (caso eu esteja enganado, que me corrijam) ou mesmo que a palavra "tédio" existisse. Será que os camponeses das aldeias primitivas experimentaram o tédio, trabalhando pesadamente de manhã até a noite, apenas para sobreviver, na repetição das atividades diárias, passando a vida em um único lugar? Não temos como saber, mas podemos supor que até esse destino, sem perspectiva de mudanças, quase atemporal, não deveria causar um sentimento de tédio permanente. Sempre acontecia alguma coisa fora da rotina: crianças nasciam, crianças morriam, vizinhos cometiam adultério, havia tempestades, secas, enchentes, incêndios. Todas essas coisas aconteciam sem previsão, de maneira secreta, ameaçadora ou positiva. Em outras palavras, mesmo em situações aparentemente tão estagnadas, creio que as pessoas tinham a sensação de que a vida dependia dos acontecimentos, os quais não eram possíveis de prever.

Realmente, a normalidade, a monotonia de uma vida sempre igual, pode parecer tediosa. É frequente ouvirmos reclamações de que as notícias nos jornais são sempre más: catástrofes incontroláveis, crimes, guerras, maldades, crises. Com a mesma frequência as pessoas respondem a isso afirmando que apenas as más notícias são interessantes: quando matam o João na rua, isso é novidade; mas, se o João toma o desjejum, vai de manhã para o trabalho e volta para casa, não é novidade; é monótono. Se o João se divorcia, é novidade para os conhecidos, mas, se ele vive bem com a esposa, não é nenhuma novidade; é tédio. A novidade é aquilo que é pouco provável, mas que por acaso normalmente age contra nós. Aquilo que é aleatório em geral não é bom; o caos do mundo não trabalha para nós. A história da humanidade é uma luta com o acaso, um esforço pela redução do acaso na vida; se o acaso fosse particularmente bom, não haveria razão para lutar contra ele. É verdade que, quando João ganhou na loteria, também foi uma novidade, mas é uma boa novidade para o João, e ruim para todos os que não ganharam.

Os sortudos que, por exemplo, passam a maior parte da vida com os livros, geralmente não se entediam, quer dizer, não têm a sensação de que lhes faltam estímulos interessantes; sempre os podem encontrar. Poder-se-ia pensar que os homens atuais não deveriam se entediar, já que praticamente todos têm acesso à televisão, ao rádio, à música e a outras diversões, por meio dos quais com certeza é fácil encontrar algo excitante. Enquanto isso, ouvimos falar, por exemplo, de baderneiros em várias cidades do mundo, perturbando as pessoas gratuitamente, destruindo o que podem e batendo em quem lhes aparece à frente, com a justificativa de que estão entediados. Assistir a filmes excitantes não é suficiente – provavelmente porque é uma ocupação passiva, em que não é possível se livrar do sentimento de coisa fictícia, e a pessoa em si não está participando. Ao contrário, as aventuras fascinantes dos heróis da televisão podem potencializar o tédio, a fome de estímulo e também o sentimento de desvantagem: "Por que eu não tenho uma vida tão interessante como esse destemido detetive, e por que não sou tão rico quanto Elizabeth Taylor? Não é justo". O que fazer com essa pobre mocidade, que não passa fome e não anda descalça, mas não tem a riqueza ou as aventuras, fictícias ou reais, dos astros dos filmes? É fácil dizer que é necessário direcionar o instinto de curiosidade deles e estimular para caminhos "construtivos" para que não desandem em destruição irracional e êxtases coletivos em concertos sem sentido e ensurdecedores. Mas como fazê-lo?

A curiosidade é uma característica humana *par excellence*. É ela que nos impulsiona a explorar o mundo, independentemente do fato de nossas necessidades biológicas estarem satisfeitas e de querermos nos proteger dos perigos. Da mesma forma como no caso do tédio, o "curioso" pode ser o objeto, e "curiosa" pode ser a mente, que se direciona para esse objeto; um sem o outro não existe. Já que "estar curioso" e "ser interessante" são contradições e uma complementação de "estar entediado" e "ser entediante", pode-se dizer que o tédio é o preço que pagamos pela curiosidade: se nunca ficássemos entediados, nunca ficaríamos curiosos. Em outras palavras, nossa capacidade de sentir tédio é parte essencial de nossa humanidade; somos humanos porque podemos sentir tédio.

A sensação de tédio, de fato, é algo de que queremos escapar, e essa saída pode ser tanto destruidora quanto criadora, sendo a primeira mais fácil. A guerra, por exemplo, é algo terrível, mas não é tediosa; a excitação na luta e os instintos que são despertados são bons antídotos contra o tédio, por isso devem estar entre as causas de muitas guerras. Até porque a repetição provoca o tédio, então é comum que, um a um, os nossos impulsos se esgotem e passemos a precisar de estímulos mais fortes, como as drogas. Não sabemos aonde isso pode nos levar.

Um caso particular desse fenômeno é a "pessoa entediante", alguém muito difícil de descrever. O fato de ser entediante não tem nada a ver com a sua educação ou a falta dela, ou com seu caráter. Não necessariamente se trata de alguém que se repete o tempo todo; mais frequentemente, a pessoa entediante tende a ser alguém que não consegue distinguir o que é importante do que não é. Suas histórias são cheias de detalhes desnecessários e desinteressantes, ela não conhece a ironia nem o humor, não consegue abandonar um tema no qual todos já perderam o interesse. Talvez isso se deva justamente por não conseguir criar contrastes na comunicação. Nesse sentido, esse tipo de pessoa se encaixaria na característica geral do tédio aqui proposta.

A utopia, ou seja, o estado ideal de plenitude, a inexistência de conflitos e tensões, seria, é claro, caso acontecesse, o fim da vida humana no mundo, o fim do instinto da curiosidade. Enquanto a nossa qualidade é o que é, a utopia não pode então ser construída. Porém, seria possível imaginar o "fim da história" no sentido previsto há pouco por Francis Fukuyama, isto é, um mundo onde não haveria nenhuma alternativa imaginável para as instituições políticas existentes, sem guerras nem privações, arte ou literatura, ou seja, um mundo em que um tédio geral dominaria? É algo tão improvável que não precisamos nos preocupar seriamente a respeito; mas, se acontecesse, acredito que, logo, procuraríamos de maneira desesperada por uma saída, como o fazem bandos de adolescentes: uma corrida para a destruição pela destruição. Então, o tédio, como todos os fenômenos humanos universais, é digno de elogio, mas é também perigoso.

O matemático e o místico

Pode ser facilmente ridicularizado aquele que, não sendo matemático nem místico, inicia considerações sobre o tema da relação entre a matemática e a mística. Na verdade, sei um pouco sobre a história da mística, mas sei, por assim dizer, do interior, da leitura. Minha ignorância matemática, no entanto, é simplesmente indecente: eu não seria capaz de dizer, sem olhar em um manual, o que é uma integral, nem o que é o seno, embora me interessasse um pouco por isso que se chama de filosofia da matemática – como amador e sem nenhuma base profissional.

Contudo, existe na matemática um tipo de força metafísica que atrai, a qual, com o estudo, e mais com a capacidade de resolução de equações, não tem nada em comum, mas que – caso digno de espanto – é relacionada à força que irradia das tradições, conhecidas por nós, da experiência mística. Não creio que isso seja fantasiar sobre coisas que não se conhece. Imaginamos que, tanto na matemática quanto na experiência mística, surge a busca da realidade última, a necessidade de alcançar aquilo que já não é possível explicar. As relações matemáticas e lógicas aparentam ser a última fronteira da realidade física, parecida com Deus, com que o místico se encontra; é a última fronteira da realidade espiritual. Parece que, em ambos os casos, alcançamos algo tão final que nada "além" disso pode existir.

Desde o momento em que os pitagóricos, os quais, provavelmente pela primeira vez – tanto em sua doutrina quanto nas atividades –, levaram a cabo a unificação da matemática e da mística e anunciaram números como "princípios" ou até "razões" ou componentes (como diz Aristóteles) de coisas, apareceu muitas vezes na filosofia a suspeita de que as relações matemáticas não apenas têm algum tipo de existência independente, não referendada por nenhum dado, mas inclusive que elas são um material correto, do qual o mundo "ao final" foi criado, e que reforçam todos os fenômenos físicos no que se refere à sua existência, tanto repetida quanto derivada.

No meio dos aristotélicos e, em geral, no meio das mentes mais empiricamente orientadas, esse tipo de suposição por certo deve ter passado por uma aberração; o mundo na experiência está disponível de forma bem real, e as noções matemáticas não são nada além de ferramentas essenciais, com a ajuda das quais se estuda e se descreve o mundo; considerar nelas um tipo de realidade primordial em relação aos fenômenos físicos não é nada além de superstição.

Os destinos da ideia são, apesar disso, imprevisíveis, e aquilo que no passado passava por superstição, e parecia já enterrado no lixo, volta às vezes à vida. A física de Galileu, que deixou partes da herança aristotélica nesse campo, pôde, entre outras coisas, conforme nos ensinam os históricos do conhecimento, desempenhar o seu papel destruidor, pois nesse momento todos os sábios já sabiam que a física não é e não pode ser um relatório direto da experiência, mas que constrói aqueles modelos matematicamente definidos que a experiência não consegue materializar. O sucesso da nova física tornou-se para a filosofia do século XVII um impulso potente, e, como consequência disso, voltou à vida o pensamento sobre a independência e até sobre a "primazia" – não só na sequência do conhecimento, mas também na sequência da existência – das relações matemáticas. Alusões a essa possibilidade são por vezes encontradas em Leibniz. Esse pensamento tampouco é raro na filosofia atual sobre a natureza do mundo físico, em que se pode encontrar a suposição de que o mundo, como surgiu a partir do *Big Bang*, deveria ter talvez como a sua arte primordial a mais pura matemática.

Pode ser. Nesse caso, estamos lidando não com perguntas científicas, mas com uma especulação difícil de evitar, com a ajuda da qual as pessoas se esforçam para chegar ao último material daquilo que é.

Então, parece que a mística é o outro lado dessa mesma busca. Em vez de construir uma série de conclusões racionalmente, ou pseudorracionalmente, que nos elevam a Deus como o conceito mais sublime, ou mesmo o resultado inevitável de raciocínios, os místicos conhecem Deus como um "fato" da experiência, se é que se pode falar assim, como aquilo que é dado, não como abstração, não como resultado de ações de dedução ou de indução. A matemática sublima a abstração até o ponto em que ela se mostra como a realidade última do mundo físico – a mística, entretanto, retira qualquer abstração e sublima a experiência até o ponto em que a experiência se funde com a realidade final. De ambos os lados, ou também em ambos os campos do esforço humano, aniquilam-se o corpo, o espaço, o tempo, pelo menos no sentido no qual conhecemos essas realidades em nossa experiência diária, ou as definimos conscientemente como indicadores fundamentais dessa experiência. Quando chegamos ao limite, todos eles desaparecem ou permanecem como meios de mostrar ou expressar aquilo que é unicamente real, verdadeiramente real. Deus é atemporal, sem limites e imaterial, da mesma forma que as criações matemáticas – e também as criações geométricas.

Uma e outra – a matemática e a mística – abrem-nos um caminho no qual, como parece, podemos fugir do acaso histórico da nossa vida, da transitoriedade, da limitação de espaço e do incerto, frágil estado de nosso corpo. Será que conseguiríamos imaginar que esses dois caminhos poderiam um dia se unir, ou será que são fatalmente deformados? No aspecto psicológico, parecem estar totalmente separados entre si; os verdadeiros místicos são, na maioria, indiferentes quanto ao conhecimento secular, incluindo a matemática, e os matemáticos – que acreditam em Deus ou não – não conseguem nunca suas transformações nas experiências do absoluto. Também o movimento pitagórico, como dizem, quebrou-se em duas vertentes: a mística e a matemática. Em alguns místicos especulativos de orientação neoplatônica – de Proklos a Miguel de Kuz – encontram-se tentativas de combinar esses dois caminhos em um.

Na verdade, se Deus é um ser absoluto, as eternas verdades da matemática e da lógica ou foram por Ele decretadas arbitrariamente, ou também são idênticas a Ele. Deixo de lado a tradicional pergunta teológica, bastante interessante, de se Deus cria livremente as verdades da matemática – sim; caso quisesse, elas seriam diferentes do que são – ou se as encontra prontas, como regras absolutamente interligadas. Independentemente do que seja Deus, ele foi muitas vezes mostrado como o matemático maior – e nenhum dos filósofos modernos destaca essa questão de forma tão marcante como Leibniz. Contudo, também em seu entendimento, Deus não pode ser somente um excelente aritmético – caso contrário, ele nos vem à mente como uma gigantesca máquina de calcular –, mas também um Criador amoroso da tradição cristã; para ser Deus, deve ser também amor e bem.

Quando o herói da história de Musil, que deve ser nietzschiano ou meio nietzschiano, fala da moralidade às pessoas futuras, que se desdobra na matemática e na mística, não só coloca a chamada à diferenciação herdada entre o bem e o mal, mas parece descartar essa diferenciação de vez, como algo pernicioso à vida. Porém, fala da "moralidade", que cada vez mais se desdobrará em duas partes: matemática e mística; desdobrar e não desintegrar: significa que a humanidade não deve se constituir de dois tipos – místicos e matemáticos –, mas que, na verdade, a matemática e a mística devem se tornar dois lados de nossa vida espiritual e completá-la de tal forma que não haja espaço para mais nada.

Nesse caso, porém, não existem bases para falar de moralidade. A matemática é indiferente moralmente, assim como o diabo, como imaginamos, pode ser um excelente matemático. A moralidade, no seu sentido correto, baseia-se na diferença entre o bem e o mal, e aquilo que estiver além do bem e do mal é moralmente fútil.

Mas também a mística – e aqui, talvez, encontre-se o cerne da questão – está além do bem e do mal. Seguramente, os místicos, pelo menos no eixo da cultura europeia, quando encontram Deus, encontram-No como a fonte do amor; mais ainda, como o próprio amor. No místico, porém, o seu amor não é o afeto, não é a paixão; é mais a prova de atingir possivelmente a mais excelente passividade, a ponto de abandonar a própria identidade para se juntar à fonte do ser. E esse amor, ou também a busca da unidade com Deus, deve ser de tal modo envolvente, e tão exclusivo, que o amor pelas pessoas, embora não torne impossível, reduza-se a um compromisso secundário. São os místicos que dizem: "Deus nos ordenou que amássemos nossos irmãos e devemos, é claro, obedecer a esse mandamento". Mas, como Deus é um, e merece amor para ele mesmo, e como é pecado prestar honras e amar criaturas por elas mesmas, devemos amar as outras pessoas apenas por intermédio de Deus e para Deus.

Esse é um resultado curioso da alma mística: parece que seria pecado amar nossos companheiros do infortúnio humano, também nossas crianças e pais, nossos amigos, nossos irmãos e irmãs por eles mesmos, como um objetivo em si mesmo, e sem uma forma calculada. Esse resultado também não se parece absolutamente como uma parte integrante da fé cristã, que ensina que a pessoa humana, embora criada por Deus e por isso não possuidora de consolidação do ser, tem um valor incondicional, por si só, e é assim tanto aos olhos de Deus quanto para todas as outras criaturas humanas. Contudo, tanto com os místicos quanto com os rigoristas cristãos, também com os erasmianos (leiamos, por exemplo, o diálogo de Juan Valdés no *Abecedário cristão*), é um assunto frequente: amar os seres criados, por eles mesmos, é pecado. Resumindo: a mística traz em si um perigo – que pode não ser totalmente certo, mas muito possível –, já que, no encontro místico com Deus, a humanidade está perdida, e também a humanidade do místico em si, caso ele esteja buscando se dissolver no ser divino, assim como a humanidade de nossos próximos, caso sejam dignos, de ser amados por eles mesmos, e não sejam para nós objetivos individuais – então a expectativa deles pelo nosso amor não seria legalmente válida, e seria até pecadora.

A antecipação do mundo, no qual chegamos a tal transformação, de que nada permaneceu em nós além da pura inteligência matemática de um lado, além do *élan* místico do outro, parece até sinistra: seria um mundo onde a diferenciação entre o bem e o mal poderia desaparecer. Porém, como a humanidade, do modo que a conhecemos, é definida justamente pela consciência dessa diferença, como o conhecimento dessa diferenciação entre o bem e o mal é uma parte imprescindível de nossa humanidade, o mundo, no qual a nossa alma seria privada de tudo o que não fosse um raciocínio matemático ou uma elevação mística, tornar-se-ia um mundo sem pessoas, um mundo onde não existiriam mais seres humanos no sentido conhecido. Tenhamos esperança de que tal mundo nunca seja construído.

Para que permaneçamos pessoas, precisamos aceitar o acaso da vida como nosso destino normal, mas também na matemática, como em Deus, o acaso é retirado. O acaso, as coincidências, incluem o nosso corpo, a nossa alma ou as pequenas preocupações e alegrias, nossas dores e prazeres, todos os acontecimentos felizes e infelizes de nossa vida. De todos esses acasos e coincidências não ficaria nada; todos seriam destruídos na inexprimível unidade divina e nas eternas verdades da matemática. Caso a profecia do herói Musil acontecesse, significaria o fim do mundo.

Segunda série

Introdução

A segunda série das minhas pequenas palestras tem a mesma origem que a primeira. Dez delas não foram publicadas, mas divulgadas na televisão, as quais foram gravadas na cidade de Oxford. O diretor foi Jerzy Markuszewski; a produtora foi a senhora Anna Brzywczy. Devo minha gratidão tanto para estes dois quanto para três outros colegas que estiveram muito ativos nesse trabalho. De início, estes textos foram impressos na *Gazeta Wyborcza*. Assim como na primeira série, adicionei alguns pequenos textos, que não apareceram na televisão, mas que, parece-me, combinam com este conjunto. O pequeno ensaio "Sobre aquilo que é bom e verdadeiro" foi impresso com um título ligeiramente diferente na coletânea *A verdade moral – o bem moral*, publicado pela Universidade de Łódz, em 1993, para abrilhantar o jubileu da professora Ija Lazari-Pawłowska, da qual fui muito amigo nos tempos estudantis. "Sobre a pena capital" é um pequeno artigo inserido na *Gazeta Wyborcza*. "Sobre os estereótipos nacionais" é uma curta introdução, traduzida do inglês, para o número 4 da revista *Polin*, impressa pelo Instituto de Estudos Poloneses-Judeus (Instytut Studiów Polsko-żydowskich) (1989). "Atormentação" são anotações sobre textos da senhora Podraz--Kwiatowska e de Czesław Miłosz, sobre os quais discutíamos em Cracóvia e que foram inseridos no artigo "Dekada Literacka" ["Década Literária"]; minhas anotações também foram lá inseridas. Parece-me que estes esclarecimentos são suficientes.

Sobre Deus

Quando nos referimos a Deus, não sabemos sobre o que ou quem estamos tratando. Falar é fácil, porque a fala se poliu com os muitos séculos, e estabeleceu-se em nossa cultura, mas basta um momento de reflexão para que percebamos com tristeza: não sabemos na verdade sobre o que ou quem falamos.

Nossa maior dificuldade é esta: o Deus da Bíblia expulsa seus primogênitos do Jardim do Éden, faz recomendações a Noé, faz aliança com Abraão, fala com Moisés. Quando faz essas coisas, Ele fala como o mestre, o governante, o rei. Mas os teólogos nos dizem que, supostamente a partir de uma análise da mesma Bíblia, Deus é um ser atemporal, infinito, onisciente e todo-poderoso, conhecedor de tudo e de todas as coisas, que nunca sai de si mesmo, que é o Ser de tudo.

Isso é fácil de dizer porque nos acostumamos, mas, na realidade, não entendemos o que significa. Não sabemos o que quer dizer ficar além do tempo, carregando todo o passado e o futuro em seu eterno presente. Não sabemos o que quer dizer onipotência, e as divergências entre os teólogos a respeito (nos símbolos gregos de fé O chamam de *Pantokrator*, o mestre absoluto ou governante de todas as coisas, o que é mais fácil de compreender que seu correspondente em latim: *omnipotens*). Não sabemos o que quer dizer a criação do mundo a partir do nada. Não sabemos também o que é onisciência, onipresença, nem, da mesma forma, criatura e existência, e Santíssima Trindade.

É verdade que no ensino cristão sempre esteve presente o reconhecimento do mistério. Nos cânones do Primeiro Concílio do Vaticano lemos, por exemplo, que deve ser excomungado aquele que disser que na Revelação não existem segredos em sentido absoluto, mas que todos os dogmas podem ser compreendidos e comprovados pelo raciocínio. Também é verdade que nossa mente encontra muitos mistérios mais estranhos do que aqueles dos quais falam a teologia e a Bíblia, e basta nos concentrarmos um pouco para percebermos que as coisas e os acontecimentos aparentemente mais simples, encontrados nas experiências diárias, podem despertar a sensação do mistério mais profundo: o tempo, a liberdade, a existência, o espaço, a causa, a consciência, a matéria, o número, o amor, o "eu", a morte. A diferença entre esses dois tipos de mistérios é que o segredo deste último talvez nem chegue até nós: podemos muito bem permanecer revolvendo esses conceitos dentro dos limites de um juízo normal, e até decidir que não existe neles nenhum segredo, porque os físicos e químicos já explicaram tudo. E, apesar de podermos falar da mesma forma sobre Deus, sem maiores análises, é aqui, no entanto, que o mistério se mostra, na superfície imediatamente aparente. Ademais, uma pessoa de fé pode ser chamada a qualquer momento para prestar contas: "Como você sabe que Deus existe?"; por outro lado, a pergunta "O que é o tempo?" raramente aparece em conversas corriqueiras, e reconhecer o desconhecimento da resposta não compromete nem embaraça ninguém.

Esse mistério pertence aos mais terríveis, pois como é possível que o absoluto seja, ao mesmo tempo, uma pessoa – infinitamente mais elevada, maior, melhor, mas ainda assim uma pessoa, no mesmo sentido de cada um de nós? Será que podemos aceitar o pensamento de que o Ser Parmênides, imóvel em sua autoidentidade, ensinava Noé detalhadamente como construir a arca? Podemos conceber um Plotinus atemporal explicando coisas a Jó, ordenando às pessoas que não cobrassem uma porcentagem sobre os empréstimos, não comessem lebres nem caranguejos, não juntassem mula nem um boi no arado? Quando pensamos nisso, ficamos tentados a diferenciar, conforme o exemplo de alguns gnósticos, o Jeová do Velho Testamento do verdadeiro e amoroso Deus, ou – como mestre Eckhart – a separar o Deus-pessoa da Divindade insondável, anônima, sem limites.

A cristandade nos facilita a questão e suaviza o desconforto, graças às duas naturezas de Jesus Cristo, o mediador. Ele é o verdadeiro Deus dos cristãos: seu nome, diferentemente do nome do Pai, nos é conhecido, assim como sua vida, e ninguém duvida de que ele de fato tenha andado pela terra, que rezava para seu Pai no céu e que pregava seu conhecimento entre as pessoas. A encarnação de Deus, a filiação de Deus e a Santíssima Trindade pertencem na verdade à parte mais misteriosa do corpo doutrinal do cristianismo, mas, em face desse Jesus, cujo Evangelho conhecemos, podemos esquecer os segredos e as complexidades teológicas. Jesus não nos colocará à prova a respeito da teologia, pois ele nos ama com todas as nossas imperfeições e fraquezas, quer que o amemos e nos ordena rezar ao Pai. O resto saberemos na outra margem – mas pode ser que lá também não.

Podem-se esquecer as complexidades teológicas, mas esquecer a questão do Deus-criador não é possível. Na verdade não é confiável o pensamento de que todos nós, desde o nascimento, trazemos a "ideia" de Deus na alma, porque, se assim fosse, a existência de ateus seria impossível; confiável é, no entanto, que também nossa mente, quando procura de maneira intencional captar a totalidade do ser, como também a nossa vontade de ordem e desejo de sentido, instintivamente procura aquilo que

é ao mesmo tempo a base e a raiz do ser e que dá sentido a ele.
Mesmo os ateus, entre eles Nietzsche, sabiam disso: a ordem e
o sentido vêm de Deus, e, se de fato Deus está morto, então é
em vão que nos convencemos de que o sentido pode se salvar. Se
Deus está morto, nada permanece, a não ser um vazio indiferente
que nos suga e aniquila. Nada se salvará de nossa vida e esforço,
nenhuma marca ficará depois de nós na dança sem sentido dos
átomos. O universo nada quer, não busca nada, com nada se
preocupa. Ele segue sem objetivo, não premia nem pune. Aquele
que diz que Deus não existe e que a felicidade reina mente para
si próprio.

Então, embora a fé em Deus se mantenha na continuação da
cultura e expressa em uma enorme variedade de palavras e imagens, todas marcadas pelos acasos de nossa existência terrena,
Deus não é um produto temporário das circunstâncias culturais,
mutáveis e acidentais, mas é o lugar onde continuamente está
o Juízo, a Imaginação e o Coração. Ele é Aquele em que não há
razão fora de si, e para quem não podemos perguntar: "Quem
criou Deus?" ou "Por que e para que Deus existe?".

Deus, que dá sentido à existência, deve ser uma pessoa, mas
Ele também é absoluto – repetimos um enigma amedrontador e
indecifrável, mas que não é o único: Ele deve ser, além disso, o
portador e o distribuidor do Bem.

Por séculos, defensores da fé argumentaram que o mal e o sofrimento humano sempre existiram no mundo e que não podem
ser tomados como evidência contra a bondade de Deus, pois tudo
o que acontece a partir da nossa vontade é uma consequência
inevitável de nossa liberdade, a qual, insistem, nos força a nos
revoltar contra Deus e a quebrar todos os seus mandamentos;
entretanto, sem essa liberdade não seríamos humanos. E, quanto ao sofrimento com o qual a própria Natureza nos perturba,
dizem que é um castigo justo pelos nossos pecados. Os céticos,
contudo, sempre rejeitaram essa explicação, já que a distribuição
natural do sofrimento obviamente não tem nada em comum com

a distribuição e o peso dos pecados que cometemos. Poder-se-ia, entretanto, pensar de forma diversa, para esclarecer o tema: Deus, quando criou o mundo físico, atribuiu-lhe certos direitos ou regularidades que agem automaticamente, que não têm considerações morais e cujos resultados são, entre outros, os sofrimentos físicos das pessoas. Será que Ele não poderia ter criado um mundo diferente? Caso o nosso mundo não dependesse de nenhuma lei da física, mas fosse uma massa incontável de milagres, com a ajuda dos quais Deus nos protegesse a cada momento do sofrimento, este mundo não *seria* material em absolutamente nenhum sentido. Mas – alguém perguntaria – seria possível ser regido por leis sem nos causar nenhum mal? Não temos certeza quanto a isso porque não podemos imaginar tal mundo. Desconfiamos, entretanto, de que Deus não é onipotente nesse sentido, a ponto de organizar todos os elementos do mundo numa combinação que O satisfaça, a ponto de produzir leis da natureza que zelariam pelo nosso bem-estar: parece razoável assumir que Deus também deva pagar um preço por tudo o que faz.

É verdade que o sofrimento pode se purificar; mas não todo tipo de sofrimento, nem sempre, nem para todos. O cristianismo nos ensina que existe sentido em cada sofrimento, embora não o possamos ver; deveríamos confiar em Deus e aceitar nosso destino sem revolta e sem desespero, pois não temos poder para mudá-lo. Abençoados aqueles cuja fé é tão sólida.

E se Deus, afinal, for mau? E se foi o Diabo quem criou o mundo e o governa? Há quem pense assim. Os pregadores, que nos deixaram descrições particulares do inferno, aparentemente acreditavam nisso, embora não o dissessem. Porém, existe o Bem no mundo, embora não tenhamos ferramentas para medir a relação da massa do Bem com a massa do Mal e dos sofrimentos. Existem o amor, a amizade, a misericórdia, o sacrifício e o perdão. Existem também o belo e o juízo, existem a arte, a literatura, a matemática, a música e os avanços extraordinários da tecnologia. Existe ainda o que se chama felicidade de existir. Existe o Bem, e ele não existiria se o demiurgo maldoso governasse o mundo. Por isso, caso debatêssemos a questão da existência ou não existência de Deus pela presença do Bem e do Mal no mundo, tal como ele é, o Bem falaria muito mais alto sobre a bondade de Deus, do que o Mal e o sofrimento, sobre a Sua maldade – não é que haveria mais Bem do que Mal, mas porque, caso Deus fosse mau, absolutamente não haveria o Bem, apenas um fogo eterno em uma escuridão infernal.

O sofrimento sempre existiu, mas parece que só agora se tornou um argumento tão óbvio e irresistível contra Deus. É difícil dizer se isso tem a ver com o fato de agora haver mais sofrimento do que antes. Talvez apenas o sintamos mais: certamente tendemos a sentir, hoje em dia, que todo sofrimento é injusto. Isso, entretanto, é o resultado, e não a causa de nossa falta de fé.

E pode ser que Deus seja mais parecido conosco: às vezes bom, às vezes mau – ainda que nunca tão mau a ponto de mandar os pecadores para um sofrimento eterno? A Bíblia tem bons argumentos para essa visão. Assim como a infindável profundidade da divindade, a qual é melhor não medir, pois os atributos do Mal e do Bem não se aplicam a ela.

Sobre o respeito pela natureza

Respeito, como dizia Kant, não é uma emoção como o amor, a amizade ou a fascinação. Não é também uma convicção, um ato intelectual. Está localizado entre esses dois, e é um fenômeno de uma natureza bem particular. Não é preciso justificar a emoção, embora frequentemente se possa esclarecê-la pelo entendimento. As convicções, no entanto, caso não sejam reais, necessitam de fundamentação. Será que o respeito pode ser justificado e, se pode, quais seriam nossas razões para dizer que algo merece respeito? Se você me disser que todas as pessoas merecem respeito, eu perguntarei por quê. O que você dirá? Você pode simplesmente dizer que é porque elas são pessoas, mas, nesse caso, eu responderei: e daí? O que significa dizer que uma pessoa é uma pessoa? Nesse ponto você, meu interlocutor humanista, se perderá na sua resposta.

Ademais, por que deveríamos respeitar qualquer coisa: Deus, as pessoas, a lei moral, a natureza, a arte, a verdade? Deus, provavelmente, porque é eterno. A verdade, provavelmente também porque é eterna (isto é, não cada sentença verdadeira separadamente, porque é difícil exigir isso, mas a Verdade como uma qualidade eterna de cada verdade individual). As pessoas, provavelmente também porque acreditamos (por mais difícil que possa ser aplicar essa fé em alguns casos individuais) que cada uma delas carrega em si a chama divina e é, como a Escritura ensina, um retrato de Deus. Segundo Hegel, somente por fazer essa correlação com Deus a pessoa pode verdadeiramente se respeitar. Estamos acostumados a respeitar os corpos dos mortos: talvez porque conservem em si o rastro das pessoas que os animavam. Do mesmo modo, respeitamos a vida e a natureza por vermos nelas a mão do Criador. Por que mais deveríamos estender nosso respeito a certas funções sociais, independentemente da pessoa que a executa: o rei, o papa, o presidente? Por muito tempo, acreditou-se que tanto o papa quanto os reis eram eleitos a seus tronos pelo poder concedido por Deus. Pode ser que nosso respeito pelos representantes seculares do país, o qual não pode ser considerado com certeza abençoado por Deus, seja a continuação daquela fé, já apagada, é verdade, em sua literalidade, mas sempre presente como um rastro.

Resumindo, o respeito se volta para aquilo que é santo, e o sentimento de respeito é um pálido reflexo da veneração inclusive entre aqueles que se esqueceram de Deus e da santidade. Em todo caso, isso é possível. Os restos mortais da fé podem sobreviver por muito tempo inconscientes de sua própria origem. Embora possam persistir por muito tempo, não podem permanecer para sempre. Os cânones de nossa civilização, com suas raízes cristãs e bíblicas, continuam a nos exigir respeito a cada ser humano. Porém, a civilização, totalmente dominada pela alma do racionalismo e do cientificismo, não será capaz de manter por longo tempo o fenômeno da santidade. Vai considerar, embora não o diga com essas palavras, que se pode reduzir a pessoa humana à sua função, ou seja, cada pessoa será completamente substituível. Isso seria o fim da humanidade como a conhecemos. Essa ameaça é, por enquanto, limitada pela fé de que o maior bem do mundo e seu maior valor é o prazer.

Suponhamos, no entanto, que alguém queira levar essa questão mais longe. Você pode dizer: "Se assumirmos que nosso respeito por todos os trabalhos de Criação provêm de nosso respeito por Deus e que Deus existe e é o Criador do mundo, por que deveríamos respeitá-Lo?". Para isso existe uma só resposta: não respeitamos Deus como certo ser metafísico, mas como Deus por si só, que é a sede e o doador de santidade. E se você, ainda assim, perguntar por que a santidade merece respeito, sua pergunta não faz sentido, já que ambos os fenômenos – respeito e santidade – estão interligados em uma substância; eles são os dois lados da mesma realidade, como o amor e a pessoa amada.

Há ainda uma questão incerta: o respeito à natureza. De acordo com a Bíblia, a intenção de Deus ao criar o homem era torná-lo senhor da natureza. Isso quer dizer que ele poderia usar a natureza para suas próprias necessidades. Vê-se então que Deus nos permitiu não só nos alimentarmos de vegetais como de animais, embora tenha cercado essa permissão com várias restrições e tabus complicados, que o povo escolhido deveria obedecer, mas cujo sentido, verdade seja dita, é desconhecido.

Hoje, porém, somos constantemente lembrados sobre o dever de respeitar a natureza, porque, se a destruirmos, nós mesmos pereceremos. Há, entretanto, um excesso nessas palavras. Se queremos proteger a natureza, porque tem a ver com a nossa saúde e com a vida de gerações futuras, tudo o que precisamos é de um cálculo racional de perdas e danos; respeito não tem nada a ver com isso. Ninguém garantirá, afinal, que a destruição da natureza, quando se volta para o prejuízo humano, seja uma questão indiferente. Mas quando repetimos os *slogans* ecológicos e dizemos que é necessário proteger a natureza, ter "respeito pela natureza", pode-se dizer que não há sentido: isso se refere ao respeito à humanidade. A natureza por si só, sem considerar os lucros e as perdas humanas, não merece nenhum respeito. Essa é a orientação bíblica e de Kant. Porém, se alguém dissesse que é necessário apregoar o respeito pela natureza como um fim em si mesmo, porque, quando as pessoas internalizarem esse conceito, estarão mais inclinadas a lidar melhor com a natureza do ponto de vista das necessidades humanas, esse alguém estaria incorrendo em um engano, já que usaria outras razões e outros argumentos além dos que caberia usar.

É um absurdo dizer que deveríamos respeitar "todas as formas de vida"; isso incluiria respeitar o bacilo da tuberculose e os vírus da varíola. Contudo, não somos feitos de espíritos puros; somos organismos vivos e não podemos viver sem destruir outras formas de vida.

Alguém poderia dizer a propósito disso que um planeta Terra sem elefantes, tigres e gorilas seria muito triste, e não importa se eles trazem ou não alguma vantagem a nós, humanos. A verdade é que, aqui, a questão gira em torno dos benefícios para o ser humano, mesmo que sejam puramente estéticos: alegrar-se com o belo e com a variedade da criação é, afinal, o nosso privilégio humano, conhecido por todos. E esse prazer não é abandonado com facilidade: nos resignamos porque sabemos que não vimos milhões de espécies, cujos fósseis são encontrados por arqueólogos; mas isso não é razão para que concordemos facilmente com a exterminação das espécies existentes, mesmo que apenas motivos estéticos nos movam.

O respeito pela natureza como um valor único está pouco enraizado nas religiões de proveniência bíblica; é algo que pode ser dispensado. Está presente, porém, em várias religiões orientais, as quais proclamam a unidade de todas as vidas na Terra. Existe algo de atrativo e bom nessas crenças, e pode valer a pena aprender com base nelas. São provas de que o respeito pela natureza pode, em qualquer caso, ser uma recomendação religiosa.

A própria diversidade da natureza é importante na visão dos seres humanos, uma vez que os cientistas estão constantemente fazendo novas descobertas sobre as vantagens inesperadas de inúmeras espécies de plantas e animais. É verdade que a prodigiosa diversidade da natureza a protege da destruição: a vida, como escreveu Teilhard de Chardin, insere-se onde lhe é possível. Muitas vezes, ficamos felizes apenas por apreciarmos os vários milagres da natureza, sem pensarmos nas vantagens; ficamos simplesmente hipnotizados, encantados com a sua beleza, amortecidos pelo sentimento de que ela é exatamente como deveria ser, e que nós pertencemos a ela, embora com frequência tenhamos que lutar contra a sua indiferença destruidora.

Descobrimos, então, na natureza um traço de divindade, embora não tenhamos ideia de qual, realmente, seja a ligação entre esse traço e a natureza presumida pelo Criador.

Podemos concluir, portanto, que, embora seja difícil encontrar bons argumentos a respeito da natureza como um fim em si mesmo, não há nada de errado ou não razoável quanto a isso. Ao contrário, parece que, ampliando o nosso respeito pela natureza, chegamos a um melhor entendimento acerca da própria humanidade.

Sobre as superstições

Poucos de nós estão preparados para admitir que são supersticiosos. Embora todos tenhamos sido educados em meio a sinais, crenças e gestos, que costumam ser ligados às superstições e nos quais acreditamos parcialmente, sem, porém, assumirmos essa crença de forma clara. Uma vez, ouvi uma anedota sobre Niels Bohr, um dos maiores físicos do século XX, que ilustra bem o nosso tema. De acordo com essa anedota, havia uma ferradura pregada na porta, e, quando questionado por um amigo sobre o que era, respondeu: "Parece que traz sorte"; "Mas como você, um físico, pode acreditar nessas superstições?", irritou-se o conhecido. "Não, de fato, eu não creio nisso", esclareceu Bohr, "mas parece que traz sorte inclusive para aqueles que não acreditam".

Não há um acordo geral sobre como definir a superstição. O grande teólogo católico Karl Rahner diz que superstição é imitar a veneração a Deus de uma forma indigna de Deus, ou seja, depositar confiança em fórmulas e rituais para influenciar a ajuda divina ou adivinhar o futuro; isso é também uma espécie de culto religioso de algumas forças que, não importa o que sejam, não são Deus.

A Igreja condenou uma variedade enorme de superstições ou coisas que eram consideradas supersticiosas. A astrologia tinha aqui um lugar destacado, já que encorajava a fé de que nossos destinos individuais, bem como os grandes acontecimentos históricos, dependiam não da vontade de Deus, mas da força cega de estrelas, o que de alguma forma conduzia tudo de maneira natural. Nos tempos mais recentes, também criticava como superstição as sessões espíritas, e, em geral, as tentativas de comunicação com as almas dos mortos, e considerava os inúmeros acontecimentos desse tipo de experiências não explicadas artes diabólicas. Acreditar no diabo e nas suas brincadeiras não é uma superstição, já que as Escrituras os confirmam; mas não encontraremos lá a crença em métodos técnicos com a ajuda dos quais é possível comunicar-se com os mortos (Jesus conversando com Moisés e Elias não é um exemplo disso). A Igreja condena também técnicas de adivinhação (bastante numerosas) e todas as suas variedades, pois prever o futuro é uma atividade reservada aos profetas, que falam não com a sua voz, mas com a voz de Deus. Calvino diz: quando a palavra de Deus nos dirige, temos uma religião verdadeira; quando as pessoas caminham com seus próprios entendimentos, temos a superstição.

Assim, no mundo dos costumes e das crenças do cristianismo, os critérios que diferenciam as superstições são bastante claros. Todavia, para os seguidores das ideologias racionalistas ou cientificistas, as superstições são todas as crenças religiosas: a fé em Deus, na vida eterna, na eficácia dos sacramentos, os milagres, as profecias ou a divindade de Jesus. Isso se deve provavelmente ao fato de não ser possível comprovar tais crenças por métodos válidos nos experimentos científicos. E, mesmo que os resultados científicos mudem com frequência, a própria doutrina científica segue imutável, porque não há como testar factualmente os erros cometidos pela ciência. Houve uma época em que acreditar em meteoros ou em estrelas cadentes, como eram chamados, era superstição. Por muito tempo a acupuntura foi considerada superstição; hoje, porém, parece não haver dúvidas quanto à sua eficácia em várias questões médicas, embora sejam misteriosos os mecanismos de seu funcionamento. Todos os pensamentos que não concordassem com o dogma do determinismo geral eram considerados superstição. Porém, alguns juízos definidos cientificamente são, às vezes, descartados, o que não necessariamente significa sua aceitação como superstição.

Por muito tempo tratou-se a tuberculose com sais de cal, mas foi demonstrado que essa terapia tinha uma eficácia nula. Seguramente houve razões pelas quais ela foi indicada, embora, visivelmente, suas razões fossem frágeis. Na ciência, não há razões absolutamente capazes de invalidar algo, e é preciso reconhecer que tudo está sujeito a revisão.

De acordo com as regras do racionalismo, avalia-se a confiabilidade de várias crenças pela forma com a qual as pessoas chegam a elas ou pelas suas possíveis justificativas. É aqui que os problemas começam. Não se sabe de onde veio a crença de que o 13 é o número da má sorte e que traz azar, embora existam algumas especulações – certamente não tão bem fundadas quanto a crença em si, mas aceitáveis nos ramos do cânone racionalista. Sabemos que se trata de uma crença de grande prevalência: os construtores de apartamentos procuram enganar o destino quando constroem o 14º andar imediatamente após o 12º, ou não colocam o número 13 nos apartamentos. Entretanto, se alguém apurasse que no dia 13 de cada mês acontecem mais acidentes ou desastres que em outros, isso não convenceria os céticos, que provavelmente decidiriam que a causa contrária funcionou: que as pessoas têm medo desse número, e que por isso ficam nervosas e provocam mais acidentes. A questão é a seguinte: enquanto certos acontecimentos ou mecanismos encontram-se no cânone do conhecimento e concordam com crenças científicas aceitas, outros não estão de acordo. Em geral, acreditamos nos historiadores antigos quando descrevem acontecimentos para os quais não existem outras fontes, mas não acreditamos quando se trata de eventos que vão além desse cânone. Assim, podemos estar perfeitamente preparados para acreditar que, de acordo com Lívio, Rômulo conduzia a guerra, porém o fato de o pai dos gêmeos ser o deus Marte ou que eles, depois de jogados no rio Tibre, foram amamentados por uma loba, parece-nos lenda. Do mesmo modo, as histórias de milagres realizados por vários santos não parecem dignas de crédito, porque esse tipo de acontecimento, que ocorre por meio da intervenção de Deus, não cabe dentro do cânone. Os céticos também não seriam persuadidos pelas súbitas curas, inexplicadas, em Lourdes: a explicação de algo pela intervenção de Deus é claramente impossível, e qualquer outra seria melhor, mesmo que improvável.

Hoje em dia, essas questões têm sido bastante discutidas com o advento dos chamados fenômenos paranormais. Esses acontecimentos geralmente têm, como se diz, uma comprovação anedótica, e é difícil organizar meios técnicos para a sua observação. A quantidade de pessoas que tiveram contato com almas de mortos é imensa, mas não se pode pedir às almas que se perfilem em grande número para uma avaliação dos cientistas, os quais garantiriam condições de controle adequadas. Aqui também existe um cânone aceito: uma infinidade de pessoas acha que viu fantasmas, mas, como fantasmas não existem, essas pessoas podem ter se iludido, ou tido alucinações, ou podem ter visto algo porque estavam quase adormecidas, ou apenas estiveram fantasiando. Da mesma forma acontece em outros casos. Existe um número incontável de pessoas que garantem ter tido contato com outro mundo – por exemplo, com almas mais elevadas –, ou que afirmam ter sentido claramente a presença de Deus. Elas não convencerão os céticos, porque tais experiências não podem ser disponibilizadas a outros; elas mesmas, porém, estão absolutamente calmas em sua fé e não necessitam de provas adicionais.

Quase todas tiveram experiências que sugerem comunicação telepática, mas, mesmo aqui, um experimento rigidamente controlado é difícil de ser organizado, e, afinal, os participantes do cânone racionalista não estão interessados nesse tema, porque sabem que a telepatia é impossível e que não se pode programá-la por meios científicos. Se as experiências com as chamadas cartas de Zener produziram uma série de adivinhações corretas, nas quais a probabilidade de ocorrerem é muito pequena, o cético não se dará ao trabalho de verificar, já que se trata de um acontecimento impossível; não vale a pena conferir. Mesmo sob condições rigorosas, há sempre possibilidade de falha, e, em geral, repetir o experimento não dá certo.

Também os racionalistas bem preparados, mas não cristalizados fanaticamente, demonstram interesse por esses eventos tão particulares. Um exemplo é Eysenck, que foi tanto um racionalista rígido como também um excelente intérprete de dados estatísticos.

Outro assunto muito discutido que faz parte da lista de fenômenos curiosos é a habilidade de prever o futuro. Pode tal habilidade existir? Como deveria ser a previsão do futuro para ser considerada uma profecia real? Previsões genuínas devem atender a três condições: devem ser improváveis – impossíveis de ser previstas com base em condições normais (por exemplo, não pode ser o caso de prever a morte, com seis meses de antecedência, de um homem famoso que sofre de câncer quando isso é de conhecimento público); os acontecimentos devem ser claros, e não mascarados por metáforas vagas que sempre podem ser aplicadas a qualquer situação, como é o caso das previsões de Nostradamus; e, em terceiro, deve ser possível comprovar que a previsão tenha sido feita de fato, e que seu cumprimento não poderia ser uma consequência de seu anúncio, como as profecias dos magos norte-americanos, que preveem, com seriedade, que nos próximos meses acontecerão dificuldades no Oriente Médio. Enfim, deve ser possível verificar se os eventos previstos vieram do passado e, é claro, a profecia não pode ser algo que se volte para si mesma. Houve já alguma previsão em que constavam todas essas condições? O sonho de Abraham Lincoln sobre o seu assassinato parece ser um bom exemplo, e deve ter havido outros, mas para os cientificistas não é interessante, pois não se encaixam no cânone. A frequência e a quantidade desses acontecimentos não fazem diferença, já que, em primeiro lugar, não podem ser planejados, e, em segundo, o mecanismo de seu funcionamento não é compreendido do ponto de vista das suposições que guiam os experimentos do cientista. Também não é possível transformar essas experiências em leis naturais.

A relutância em pesquisar essas questões pode se dever parcialmente a um medo dos riscos envolvidos na investigação do desconhecido; o risco, em particular, de deparar com a necessidade de revisar as raízes de alguns dos elementos mais profundos do cânone. Há ainda o risco de cair nas mãos de trapaceiros espertos. Ninguém duvida de que, nesse campo, existam muitas fraudes, ilusões, ingenuidades e vivências alucinatórias. Será, porém, que não existe nada além disso? Não se deve dispensar essa pergunta porque se trata de uma massa enorme de fenômenos que poderiam não ser considerados enganações ou ilusões.

A experiência com as forças sobrenaturais é algo que desejamos muito fortemente – é por essa razão que o mundo está tão cheio de pessoas que afirmam ter visto um pedaço de rocha que lhes lembrou a imagem de Jesus ou da Virgem Maria, e se puseram a divulgar esses fatos para quem pudessem. Às vezes, essas pessoas encontram ouvidos receptivos – embora não da Igreja, que atualmente não tem demonstrado nenhuma ânsia em seguir tais fatos. Existem muitas superstições, e muitas delas não merecem análise, exceto talvez da psicologia ou da sociologia. Algumas são perigosas; outras são simplesmente patéticas, como o chamado culto à carga, imortalizado no filme de Jacopetti. A história de feiticeiras, como sabemos, não é educativa. No entanto, existem pessoas entre nós, principalmente mulheres, que acreditam conseguir provocar alguns desastres usando meios mágicos. O racionalismo não faz distinção entre superstições que são passíveis de investigação e aquelas que não o merecem. Feiticeiras, em geral, não avisam às pessoas sobre seus poderes, mas suponhamos que alguém curioso conseguisse a confiança de uma feiticeira e ficasse sabendo quando e a quem faz o mal; suponhamos que seja comprovado, já que as oferendas da magia recebem os correspondentes golpes da sorte; caso o pesquisador fosse um racionalista, ele reconheceria os fatos como uma coincidência casual, e nenhum número de tais coincidências corretas o convenceria a acreditar na magia.

Então, como as nossas reações aos acontecimentos incomuns dependem de certas doutrinas ou predisposições definidas de início, não se pode criar uma definição que, sem dúvida, seria de satisfação geral sobre o que é ou não uma superstição. Existem muito boas razões para pensar que, ao lado das energias naturais capazes de serem parcialmente controladas e que são conhecidas pela ciência, há um outro tipo de trabalho, e que há certos talentos e formas de comunicação diferentes dos comuns. Talvez o que esteja em estudo aqui seja um tipo de "hóspede desconhecido", tomando emprestadas as palavras de Maeterlinck: algum tipo curioso de energia que não pode ser controlada e que aparece e desaparece de maneira esporádica e não prevista. A habilidade de explorá-la pode ser dada a todos ou a poucos. Isso pode ser constante ou raro, mas tudo nos leva a supor que essas energias e formas de comunicação existem, sim. Entretanto, é pouco provável que se pudessem colocá-las em funcionamento como uma técnica eficaz, acessível a todos, e aplicá-las a uma organização previsível em resultados, ou trazê-las, mesmo que teoricamente, a fenômenos já conhecidos. Podemos pensar que existem tais energias e tais formas de comunicação; são elas por natureza coisas fugazes, que não se prestam bem à sistematização, dependentes de alguma força que, de acordo com sua própria vontade, aparece ou se esconde; esse tipo de suposições sempre provocará a raiva e a indignação entre aqueles que precisariam, caso fossem convencidos, mudar o seu cânone ou sua ideologia. Quanto a isso, se a crença nessas forças incomuns é, em geral, independentemente de sua verdade ou eficácia, útil ou prejudicial, vale a pena fazer uma diferenciação. A queima das feiticeiras certamente não era um costume elogiável, mas já não é praticado. Contudo, bater na madeira é uma superstição inocente. Caso acreditemos que às vezes podemos comandar essas forças sobrenaturais, o fato de fazermos uso dessa habilidade pode ser uma coisa boa ou ruim; dependerá de nossas intenções serem boas ou ruins: se vão prejudicar outras pessoas, será sempre ruim, mesmo que não fosse esse o objetivo. A crença, entretanto, de que existem forças sobrenaturais que conspiram a nosso favor e para nossos bons objetivos é certamente útil, porque reforça a nossa determinação em cumprir tais metas por nossas próprias forças naturais.

Sobre o riso

Uma coisa é a capacidade de rir, e outra, o sentimento do humor. A capacidade de rir é geral e um valor inerente ao homem, coisa que os antigos sabiam, e sobre o que Rabelais escrevia. O sentimento do humor, no entanto, é raro, e envolve a capacidade da pessoa de se distanciar de si mesma – uma distância irônica. Cada um é capaz de contar piadas que ouviu ou rir dos insucessos dos outros, mas só alguns alcançam a autoironia, que requer tanto inteligência quanto certa disciplina na emoção; de cinquenta pessoas emburradas, encontra-se uma com um sentimento de humor tal que não só consegue rir, como os outros, como também ri de si mesma.

Já que a risada é um acontecimento tão comum, não é estranho que os filósofos, os moralistas e os escritores tenham produzido várias teorias a esse respeito. O antropólogo neozelandês Ralph Piddington, em livro sobre esse tema, conta e discute mais de cinquenta distintas construções teóricas que deveriam esclarecer e interpretar o fenômeno do riso. A maior parte dessas teorias é, com certeza, uma variante de algumas das principais. As mais conhecidas são as considerações de Hobbes, Schopenhauer, Freud e Bergson. Todas devem esclarecer que tipo de situações e coisas nos leva ao riso, e algumas, além, qual é a função psicológica ou filosófica do riso.

Para cada teoria que esclarece a base do riso, é fácil encontrar muitos exemplos, mas também se encontram exemplos que não estão de acordo com a teoria. Será que o riso é o sentimento inesperado da própria glória ou superioridade, da satisfação pela pequenez do outro (como dizia Hobbes e, nos nossos tempos, Adler)? Quando vemos os filmes do Gordo e o Magro, rimos assim: é um riso bondoso, impregnado de simpatia por esses coitados que absolutamente não conseguem atravessar uma porta ou trazer um prato sem provocar uma catástrofe. Só em parte é parecido com o riso sádico, a felicidade maliciosa e às vezes criminosa da desgraça ou do tormento do inimigo derrotado. Será possível combinar esses dois tipos em um, já que são tão diferentes emocionalmente? E o que tem em comum com isso, por exemplo, o riso provocado em um ouvinte de um texto dito em uma língua para ele desconhecida, quando, de repente, aparece uma palavra que em seu idioma soa obscena? Schopenhauer garante que o riso é uma reação provocada pela inconsistência entre algum sentido abstrato e objetos concretos que combinam com o sentido, mas são muito diferentes entre si. Certamente encontrar-se-ão exemplos, embora Schopenhauer os evite, para demonstrar ao leitor a sua superioridade, já que o leitor tem dificuldade com a compreensão.

No seu famoso tratado, Bergson diz que o riso é uma reação intelectual – e não emocional – ao contraste, que surge quando o comportamento humano revela as propriedades do mecanismo que é o contraste da atividade humana, objetiva e viva. Assim ocorre nas comédias, quando o herói, sem pensar, repete algum tema, sem levar em conta a realidade e suas mudanças. O mesmo acontece quando alguém provoca o riso ao tentar se sentar em uma cadeira e aterrissa no chão (a força mecânica age onde devia estar um movimento objetivo). Na verdade, quando rimos dos antigos filmes de Charles Chaplin, isso pode ser explicado à maneira de Bergson: o contraste da pessoa com a máquina. Sim, podemos rir de alguém que se senta no chão em vez de em uma cadeira, mas o mesmo contraste, ainda mais brilhante, é visto na pessoa que pula do décimo andar; entretanto, isso já não nos parece uma imagem divertida. Quando Groucho Marx joga um charuto aceso numa poltrona, onde justamente vai se sentar uma elegante senhora mais velha, é engraçado; não seria, no entanto, caso derramasse gasolina no móvel e pusesse fogo nele. Ou seja, nem todo contraste desse tipo nos faz rir. Contudo, não fica claro como usar o esquema de Bergson no caso do riso que desperta um trapaceiro que vende um "elixir do amor" na ópera de Donizetti com esse nome.

Não sei se é possível construir uma teoria confiável que traga para o mesmo esquema todas as incontáveis situações, para as quais a reação é o riso, além do fato incontestável de que o riso está relacionado com a sensação de prazer. O autor do livro que mencionei diz que existe o riso elementar, que apenas nos mostra o nosso sentimento de que não é necessário mudar nada no nosso ambiente, que estamos contentes com as coisas como estão. Outros tipos de riso se baseiam no fato de que se usam ao mesmo tempo, para uma situação, dois valores conflitantes, e o riso deveria confirmar, pelo contraste, a sanção coletiva, que uma ou outra avaliação não tem. De certo, para isso existem vários exemplos, embora aqui também se possa duvidar de que a teoria seja útil incondicionalmente.

O riso, como sabemos, pode ser chamado da forma mais comum pelo encontro com algo incomum que, no entanto, não provoca risco ou medo. As crianças, terríveis como sempre, riem de um anão ou de uma pessoa excepcionalmente alta, ou então de um corcunda. Por certo, a maior parte das pessoas sorrirá quando pela primeira vez ouvir o nome da cidadezinha na ilha Anglesey, na Gália (estive lá), que soa como: Llanfairpwllgwynguyllgegerywyrndrobwllantysiliogogogoch. Difícil é encontrar um conflito de duas avaliações, ou até o contentamento de que as coisas são como são.

Não deve ser verdade que o riso é uma reação puramente intelectual, independente da emoção. Suponhamos que um futebolista, por causa de um movimento errado, chute para o próprio gol: sem dúvida, metade da audiência, torcedores do outro time, rebentará de rir, enquanto a outra metade enlouquecerá de raiva.

Com certeza, o riso é importante, já que nos convence de que a realidade, sendo pouco séria, é também pouco ameaçadora.

Um colega meu já falecido, judeu de Łódz, passava as últimas semanas em Auschwitz, carregando os corpos dos mortos por gás para o forno. As pessoas que o faziam, é claro, seriam mortas na sequência, mas por algum tempo eram necessárias. Eram então os últimos dias do campo, e ele, por milagre, escapou. Depois disso, passou dez anos contando piadas e histórias humorísticas e publicando-as em polonês; em seguida, quando emigrou, publicou vários trechos em alemão: humor judaico, humor nos países comunistas, humor do Terceiro Reich. Conversei com ele por telefone alguns dias antes de sua morte: ele não aguentou e me contou uma piada. Nunca lhe perguntei se existe alguma ligação entre suas atividades no campo de morte e a posterior carreira de um piadista; suponho, entretanto, que era uma forma, depois dos horrores daquele tempo de ameaça, de criar uma quase-realidade, que não é para ser levada a sério, e pode ser aceita por essa razão.

O humor e o riso, como sabemos, são possíveis em situações de perigo e opressivas – existe humor entre soldados na guerra, na prisão, em tempos de ocupação, e mesmo nos países comunistas. Provavelmente, no entanto, isso é possível aquém de certo nível de perigo: duvido que fosse possível e que houvesse humor nos campos de concentração ou entre as pessoas condenadas à morte. Onde se permite a esperança, o estresse na face do perigo pode ser parcialmente descarregado pelo surgimento dos lados cômicos da situação, mas lá, onde a esperança já morreu, é difícil buscar o humor.

Apresentaremos aqui dois exemplos de humor dos tempos comunistas sobre temas ideológicos. Primeiro: o candidato ao partido vem para um pequeno exame: "Diga-nos, companheiro, qual é a diferença entre o capitalismo e o comunismo?"; "No capitalismo existem pressão, escravidão, pobreza, desigualdade, ódio entre as nações, guerras, e, no socialismo, liberdade, igualdade, amizade entre as nações, paz, abundância, unidade moral"; "Muito bem, companheiro; agora a segunda pergunta: qual é o objetivo principal de um campo socialista?"; "O objetivo principal é alcançar o capitalismo e ultrapassá-lo". Segundo exemplo: um membro do partido, que está sendo criticado por algo que fez, explica-se: "Sim, companheiros, eu tenho muitas opiniões, mas absolutamente não concordo com elas!".

Estes exemplos mostram como a ideologia, que era forçada dentro das mentes, mostra-se leve e engraçada, e por isso menos opressiva do que poderia parecer.

E agora dois exemplos do humor judeu sobre enterros, ou seja, sobre uma situação que por si só não combina com o riso. Primeiro: estão enterrando um terrível agiota, detestado por toda a população do local, e o rabino precisa dizer sobre seu túmulo algo de positivo e não sabe o quê. Ao final, diz: "Vocês me dizem que este Abraão era um bebedor de sangue, ladrão, mentiroso, e eu lhes digo que, em comparação com seu colega Caim, ele ainda era uma pessoa correta". Uma segunda anedota: uma judia que está morrendo fala para o marido: "Escute, Pinkus, eu agora estou morrendo e lhe peço: quando se fizer o enterro, vá com minha mãe, como se vocês fossem amigos. Eu sei que você não a suporta, mas no meu enterro você tem que fingir". "Então, Sara", responde o marido, "já que você quer assim, eu o farei, mas lhe digo, não vou ter nenhum prazer nesse enterro".

Parece que a infelicidade pode ser de alguma forma amenizada, mesmo nas situações mais tristes, quando se lhe retira uma parte da seriedade. Os animais seguramente não necessitam de humor, porque suas reações ao perigo são dirigidas pelo instinto, mas as pessoas sabem que existe distância entre uma situação e as reações a ela, e, caso a situação não as coloque em pânico completo, em que nenhum pensamento seja possível, acostumam-se com o perigo, tornando-o engraçado. O riso nesses termos é uma descoberta muito boa da natureza, ou de Deus (porque Deus, pelo menos segundo o Talmude, tem senso de humor); como o mundo realmente não nos é amigável, mas inimigo, é necessário portanto temperar essa inimizade com humor.

Sobre os santos

Será que existem na terra homens santos? Penso que sim. Mas, na verdade, não estou falando daqueles que a Igreja romana declarou como santos, que ela reverencia e chama por meio das orações. A Igreja na verdade diz que existem muito mais santos que aqueles canonizados, e que, sobre alguns, só Deus sabe, ou outros santos amigos no céu. A Igreja tem as suas regras e características de santidade; em algum momento no passado, um grupo das pessoas de Deus decidia quem poderia passar por santo, com base nas declarações dos que conheciam o santo e viam sua vida se desenvolvendo ou a sua morte por martírio. Entretanto, para impedir confusão e insegurança nesses casos, a partir do século que os historiadores chamam de século escuro – *saeculum obscurum*, ou seja, o século X –, foram definidos os passos das pedras fundamentais da santidade, e os procedimentos para sua declaração.

Foi aceito como verdade que não se vive aqui uma vida sem pecados, já que ninguém passou pela vida sem pecado (a não ser

Jesus), e mesmo entre os grandes santos havia aqueles que, antes de ocuparem as páginas de um calendário, mancharam-se com grandes indignidades, a começar por Paulo de Tarso. Precisaram então pagar as suas dívidas com grandes serviços para Deus e para as pessoas. Os milagres eram importantes por isso: só uma vida santa não é uma característica inquestionável; afinal, cometemos pecados que as pessoas não veem e que podem dificultar muito a nossa entrada no grupo dos salvos. No entanto, milagres que acontecem por interferência de Deus, e não do santo, nos mostram visualmente que Deus confirma a sua santidade.

Essas são questões bem conhecidas por todos; tenho em mente, porém, uma questão mais complexa: a santidade secular, se é que se pode falar assim. Compreende-se que aqueles a quem a Igreja chama de santos pertenciam à Igreja. Pode-se também perguntar pela santidade daqueles que viveram fora da Igreja romana, que professavam a sua fé (ou não pertenciam a nenhuma) e até daqueles que não acreditavam em Deus. Quem então será chamado de santo ou santa?

É mais fácil, está claro, dizer quem de fato não é santo, e, juntamente com mil nomes reais, é bom lembrar-se do seguinte: com certeza não é santo aquele que se considera santo. Os santos se achavam pecadores; para eles, o orgulho pessoal era desconhecido, e aquilo que faziam de bom não o faziam para mostrar aos outros. Entre os santos da Igreja encontram-se pessoas de todo nível e profissão, de papa e rei a mendigo e camponês, e o mesmo se pode dizer dos santos seculares. Algumas profissões, porém, podem ser um grande complicador. Pela tradição, Maria Madalena, antes de encontrar Jesus, praticava a mais velha profissão do mundo, mas mulheres dessa profissão não são excluídas da perspectiva de salvação; de certo existem entre elas as que não conseguem fazer nada diferente para alimentar seu filho, e na literatura existe para elas mais compaixão que crítica. Então, não é impossível que se possam encontrar santas entre elas. Mas sem dúvida existem atividades nojentas, das quais dizer isso não parece correto. Por exemplo, o comerciante de narcóticos, o organizador de brincadeiras sexuais com crianças, um chantagista. Estes deveriam passar por um verdadeiro batismo da alma, um verdadeiro caminho para Damasco e, de certo, uma longa penitência, para entrar no convívio dos santos.

Já que estamos falando de critérios para uma santidade secular, deixemos de lado aquelas questões que aparecem somente na perspectiva de uma experiência religiosa, na verdadeira acepção da palavra. Ou seja, não falemos só de milagres, mas também de acontecimentos que uma testemunha visual pode racionalmente negar como sendo milagres, mas incluindo também o serviço para Deus, diferente do serviço para os homens, como as orações, as mortificações, as contemplações. Não negamos a eficácia e a realidade dessas coisas, mas as tomamos "entre aspas". Aquilo que fica provavelmente não diferencia a santidade secular da santidade religiosa. Temos vontade de chamar de santo aquele que quer transformar toda a vida e todos os esforços em serviço desinteressado para outras pessoas; aquele que, sem interesse em tudo o que faz, pratica o bem e distribui o bem aos outros. Um santo no sentido secular age tendo em vista as outras pessoas como o seu único objeto de preocupação, amizade ou amor; o santo, no sentido religioso, além disso, leva em consideração os mandamentos de Deus e a sua entrega a Deus, mas, caso mereça o nome de santo, então também trata outras pessoas como um objetivo em si mesmo, e não só como um instrumento que utiliza para servir a Deus. Tanto um quanto outro estão livres de ódio.

É possível dizer que, quando se tem o desejo de fazer o bem a outras pessoas, pode-se, no entanto, enganar-se quanto a onde e como nasce o bem, e todos sabemos que boas intenções transformam-se, às vezes, no mal. Certamente isso acontece às vezes, mas, se existe um forte desejo pelo bem, integrado com a força de vontade, para não se enganar a si mesmo e não mentir, os enganos, embora possíveis, não são catastróficos. Seguramente, não podemos prever todas as consequências de nossos atos, e nos sentimos mal, como responsáveis também pelos resultados que, na verdade, não poderíamos prever. As complicações da vida são infinitas. Mas a diferença entre o mal e o bem não é destruída por essas complicações. A santidade em seu sentido secular permite níveis. O mundo não está dividido em duas categorias – os salvos e os condenados. Podemos falar da santidade, da qual participam pessoas em diferentes graus, com diferentes intensidades. No sentido religioso também, é certo, o bem é gradual, e não se pode dizer que aqueles que não são totalmente bons, bons de fato, estejam com a massa amaldiçoada, estragada até o âmago de seus ossos. Também dentro da perspectiva cristã, as pessoas, em sua maioria, não são nem ótimas nem totalmente corrompidas. A diferença entre os santos e todos os outros é clara, qualitativa: santos são aqueles a quem Deus chama imediatamente para si depois da morte. No caso de santos no sentido secular, nunca temos tal certeza e critérios tão detalhados, embora tenhamos por vezes a impressão de estar perto de pessoas santas.

Quantos há daqueles que verdadeiramente vivem de acordo com o quinto capítulo do Evangelho de Mateus? Sem dúvida, não muitos; por certo, uma parcela bem pequena da espécie humana. Mas eles salvam o mundo, a eles devemos o fato de poder deixar de lado a suposição de que a realidade humana é uma descoberta do diabo; sobre eles podemos dizer que são a alma cristalina do mundo, os portadores de seu possível destino para o bem.

Os santos, repetimos, não se chamam de santos e não se consideram como tais. Ademais, penso que não é bonito tratar de ser santo, ou seja, ver a santidade como um objetivo que se persegue. Caso fazer de sua vida pessoal uma fonte do bem para outros seja o mesmo que atingir a santidade, essa é uma coincidência de opinião, mas não se pode concluir que deveríamos viver na intenção de nos tornar santos. Ao contrário, é muito mais saudável não pensar nisso, já que o desejo constante de se tornar santo concretiza-se muito rapidamente em nosso sentimento. Isso quer dizer que é fácil colher depoimentos de que conseguimos a santidade, e esses depoimentos nos inflam de orgulho – o sentimento de superioridade sobre o gênero humano pode nos dar o direito de destratar e desprezar os outros. É verdade que aqueles que se acham santos estão mais longe da santidade do que o horizonte. Somente estão entre os santos aqueles que absolutamente não se preocupam com isso.

Proponho, então, que acreditemos, com Leibniz, que, na matéria do ser, tudo é rígida e inseparavelmente amarrado entre si, de forma que cada um de nós, cada criatura humana, é uma parcela do destino geral do universo – mas não uma parcela independente, e sim uma em relação à qual, caso um de nós fosse retirado desse todo infindável, todas as histórias de universo seriam diferentes. Proponho ainda que cada um tem uma missão nesta vida, até uma criança que morre uma hora após seu nascimento, mas simplesmente não sabemos qual é a missão, porque para isso é necessário o pensamento de Deus, que vê o todo. Não sabemos, por exemplo, que missões tiveram Einstein ou Chopin.

Coloquemos, para finalizar, uma pergunta: será que existem mais santos, com o sentido do qual se está falando aqui, entre fiéis ou entre céticos, descrentes, inseguros? Contar, de certo, não é possível, mas pode-se arriscar uma resposta temporária, baseada inclusive na experiência, como em razões do tipo *a priori*. Poderia parecer que, entre os fiéis cristãos, encontra-se a santidade com mais frequência, porque são mais sensibilizados pelo tema santidade, porque ouviram e leram mais sobre santidade e santos, porque veem a santidade como uma coisa religiosa e divina, e não terrena e só moral ou cultural, porque lhes é mais fácil inserir a santidade no seu dicionário e em afluentes espirituais. Provavelmente, é verdade; mas só meia verdade. A outra metade é tal que, pelas mesmas razões, os fiéis estão expostos às tentações da pseudossantidade, da santidade burocrática, recheada de orgulho, hipocrisia e autossatisfação pela revelação do segredo da Verdade em si – porque, afinal, eles sabem o que é a Santa Trindade, e outros não sabem (na verdade, não sabem; ninguém sabe). E dessa autossatisfação, como vemos com frequência, nascem o ódio e a mentira. Entre eles existem também os que se preocupam menos em servir ao próximo, e mais em tornar-se santo. Para os céticos, infiéis ou indiferentes à religião, por sua vez, é mais fácil tomar uma postura cínica, cair no niilismo, agir com inveja; estes precisam ter motivos especiais, ou características de alma muito especiais, muito independentes das tradições religiosas ou pelo menos aparentemente independentes, se chegarem a algo que outros possam chamar de santidade. Mas também são menos suspeitos quanto às motivações ruins e sobre o fato de que temperam a piedade com ódio e mentira. Então existem, com certeza, santos verdadeiros entre os fiéis e os céticos, embora não muitos, mas não existem na verdade motivos *a priori* para esperar nestes, ou talvez mais naqueles, um maior adensamento dessa curiosa, mas rara, qualidade: a da santidade.

Sobre o terrorismo

Listas de assassinatos, atentados bem-sucedidos ou não sobre governantes e reis, expedições punitivas – tudo isso pode ser visto nas lições de história, a começar por Heródoto. Temos, não raro, a impressão de que esse terrorismo, sobre o qual lemos diariamente nos jornais, é algo bem diferente das obras de Brutus, Ravaillac (assassino de Henrique IV), e até de Żelabow (assassino do czar Alexandre II). Como descrever essa diferença?

É comum ouvir esta frase de jornalistas: "Esse mesmo, que é um terrorista para uns, é para outros um guerreiro da liberdade". Será que significa que algo ou alguém que merece esse nome depende simplesmente do ponto de vista e da ideologia do observador, que simpatiza com ele, e fala com raiva dos outros? Nesse caso, é impossível definir critérios técnicos, independentes de ideologia e simpatia, que caracterizem o terrorismo.

Não creio, entretanto, que isso seja verdade. O terrorismo é uma palavra que tem uma aura com associação claramente negativa, e é provável que se poderiam descrever contextos em que ela é usada legalmente e outros em que de fato não se aplica.

Por que não chamamos de terroristas os guerrilheiros poloneses ou iugoslavos que lutaram com o ocupante alemão nos anos da guerra e, por outro lado, chamamos assim os soldados do IRA ou os golpistas de Córsega? A razão deve ser simples, e nos apresenta o critério mais importante, que diferencia o terrorismo da luta armada por um bom motivo. Esse critério é a situação do poder contra o qual se está lutando, principalmente seu estado de direito, ou a falta dele. É claro que o poder sangrento hitlerista na Polônia ou na Iugoslávia era ilegal segundo todos os possíveis valores e medidas, e a luta contra os seus métodos de força era completamente justificada. Por isso, não chamamos terroristas àqueles que lutaram contra ele. A Irlanda do Norte ou a República Francesa são também países nos quais o poder tem uma legitimidade democrática, de modo que os cidadãos têm ferramentas para mudar esse poder sem derramamento de sangue, pacificamente, e podem também, já que possuem liberdades civis, queixar-se em público em busca das mudanças políticas com que podem sonhar. Ataques a um país como esse com ferramentas de terrorismo, individuais ou coletivos, não têm nenhuma justificativa.

Os movimentos nacionalistas podem ter, e em geral têm, explicações históricas para o terror: a Irlanda era internamente oprimida e maltratada pelos ingleses e suas aspirações nacionais eram pisoteadas, embora, verdade seja dita, nunca houve um país irlandês que ocupasse toda a ilha; somente sob a coroa a ilha foi "unificada". Oprimidos também foram os bascos, que nunca tiveram um país; o seu terrorismo contra a democracia espanhola é hoje tanto irrealizável quanto destituído de qualquer justificativa. Também destituídos de qualquer justificativa foram os grupos terroristas dos anos 60 e 70 na Alemanha, na Itália ou nos Estados Unidos, por sorte, já liquidados, pelo menos por ora. Independentemente de como se justifique psicologicamente essas escapadas (na Alemanha se falava da "geração sem pais"), elas testemunham a significativa reviravolta nos valores tradicionais e a quebra de grilhões entre gerações; não vale a pena mencionar a ideologia desses movimentos; era grotesca e pouco importante.

O critério mencionado que diferencia a aplicação justificada de força contra o poder, da parte do injustiçado, não é, infelizmente, de aplicação tão fácil e de um único sentido, como pode parecer num primeiro momento. Afinal, pode-se dizer que o poder do país é legal caso goze de aceitação internacional. Mas na ONU existem e sempre existiram países cujos governos são liderados por tiranos, torturadores, assassinos. A morte de tiranos foi aprovada por muitos escritores, filósofos e moralistas dos mais destacados, incluindo-se teólogos cristãos da Idade Média que se apoiavam em exemplos bíblicos, como John de Salisbury; isso tudo parece correto de acordo com a lei natural. E então não temos nenhum critério da legalidade do poder, e também é difícil uma definição para "tirano" que nunca causasse dúvidas. Da mesma forma, o critério da legitimidade democrática não é o bastante. As organizações democráticas atuais são um descobrimento recente, e nem todas aquelas do passado, por nós conhecidas, eram terríveis tiranias; as pessoas com pouca frequência questionavam a legalidade do poder; de toda forma, entre os arranjos não democráticos, devem-se diferenciar os piores e os melhores; lá, porém, onde existem instituições democráticas, elas são por vezes tão frágeis e tão corroídas pela corrupção que sobra pouco do papel no qual está redigida a constituição. Como em todas as questões do mundo, é necessário, portanto, colocar graduações nos objetos de nossas ponderações e avaliações – desde aqueles em que a força contra o país com certeza não pode ser justificada até outros nos quais ela pode ser bem fundamentada; mas encontramos muitos casos intermediários, que hesitamos em avaliar, e nos quais simpatias ou antipatias ideológicas podem influenciar.

Por isso, o uso da força contra um país tirânico, desprovido de qualquer legalidade, costuma ser bem justificado, ainda mais se for bem-sucedido na obtenção da desejada mudança. Mas, na maior parte das vezes, não o é. Os terroristas russos do século XIX tinham boas justificativas para a sua luta, mas os seus movimentos teatrais não mudaram o czarismo para melhor nem causaram a desejada revolução. Esta, quando veio, teve causas bastante diferentes, e rapidamente deu início aos governos do terror nacional, numa escala antes nunca vista. Os terroristas do século XIX falavam de revolução, mas é difícil colocar em palavras suas expectativas e sonhos. Lembro-me de uma obra de Chagall com o título *Revolução*. Veem-se lá dois judeus que estão de pé e leem a Torá; quem quiser que interprete esse quadro.

Além do mais, as fontes terroristas provocam fenômenos patológicos sem cessar. Os terroristas da União Nacional eram, em geral, tanto quanto sabemos, pessoas de grande coragem e prontidão para o sacrifício por causas humanas; em sua maioria, provavelmente eram menos parecidos com os *Biesy*[1] de Dostoiévski, e mais parecidos com aqueles do drama de Camus, *Les Justes* (embora Dostoiévski conhecesse melhor o tema que Camus). Porém, um dos documentos ideológicos mais famosos deles – *O catecismo do revolucionário*, da pena de Sergei Nieczajew – é a demonstração de uma patologia, à qual sucumbem os membros dessa força revolucionária, mesmo que justificada: é um verdadeiro chamado para o revolucionário, a fim de que se liberte totalmente de todos os valores humanos e que se faça de boa vontade uma máquina sem pensamentos, movida por alguma doutrina nebulosa.

Outra diferenciação necessária nessas avaliações tem a ver com o tipo de ações terroristas: avaliamos esses atos quando são calculados para atingir unidades específicas que significam

---

[1] Espíritos do mal. (N. T.)

o poder ou representam o aparelho do poder diferentemente de quando as vítimas são pessoas ao acaso, e o objetivo, apenas semear o pânico entre a população. Os atentados terroristas palestinos são, em regra geral, deste tipo: o que interessa é que haja a maior quantidade possível de vítimas casuais (o que facilita o caráter frequentemente suicida desses atentados: um terrorista bem associado com a fé crê que logo irá para o Paraíso, descrito tentadoramente no Corão). Os palestinos têm uma justificativa para a sua luta e têm razões para achar que os terrenos a oeste do Jordão são terras ocupadas por Israel; porém, destroem a justificativa para suas reivindicações ao forçá-las por esses meios. Também é necessário lembrar que, desde o início, o objetivo de sua luta (hoje esquecido) não era a criação de um país palestino nessas terras, previamente pertencentes à Jordânia, mas – como eles mesmos diziam – empurrar os judeus para o mar e a destruição de Israel como país. Também não se deve esquecer que os judeus lutaram contra o domínio inglês nos anos 40 e usaram ainda meios terroristas, mas que não foi esse o terror que criou Israel como país, e sim o apoio internacional (motivado mais pela memória recente da exterminação de judeus do que pelo fato de que eles moravam ali há séculos; na realidade, um pagamento de dívidas incorridas dois mil anos atrás não é digno de uma recomendação para ser regra geral). Os terroristas judeus também aparecem às vezes. Esse emaranhado de reivindicações e contrarreivindicações, ódios e ressentimentos é tão forte que há pouca esperança de que, em um futuro próximo, as coisas possam se ajeitar de acordo com os desejos de pessoas de boa vontade que existem de ambos os lados.

Finalmente, temos que diferenciar a força dirigida contra um poder de ocupação externo, impingido com violência, daquela violência impingida ao poder do próprio país. A primeira é a mais justificável de todas as formas de violência, mas mesmo isso não significa que seja uma regra definida do ponto de vista da eficácia. A luta armada contra a ocupação hitlerista era completamente justificada, mas, por exemplo, matar individualmente soldados do ocupante não tinha sentido; não enfraqueceria o inimigo, e provocava massivas e sangrentas repressões. O levante de Varsóvia, mesmo que seja tão fácil criticar e condenar após a derrota, tinha, no entanto, possibilidade de sucesso; não foi uma ação desesperada, entre outras, por causa da negativa de ajuda da União Soviética. Quando a luta já acontecia, os comandantes tiveram de, falsamente, informar à população de que o levante era parte de um plano estratégico dos aliados, e, como tal, tinha de dar certo; era, porém, o incentivo natural de encorajamento que se faz nas guerras, por meio de falsas informações.

A questão do terrorismo tem, no mais, várias ambiguidades: as ações terroristas podem ser moralmente justificadas caso ataquem uma tirania claramente injusta e terrível ou se defendam de uma invasão com violência, e se os alvos são claramente calculados e não casuais. No entanto, poucas são as ações terroristas coroadas com sucesso, no sentido da desejada mudança social. Os assassinos de reis e tiranos não conseguiram nada a não ser ter seus nomes inscritos nas crônicas ou nas anotações históricas. Os terroristas normalmente não conseguem o poder, e, quando parece que estão conseguindo, são, em geral, estabelecidos governos terroristas. O terrorismo, no entanto, embora as experiências históricas não sejam uma tentação, sempre existirá, porque não há razão para crer que as injustiças e os grandes ódios desaparecerão. Certamente é melhor negociar que atirar, mas muitas vezes as tiranias não se convencem a negociar; então, é necessário usar as armas. Portanto, também nesse caso, não há indicações claras e universais importantes.

Sobre a questão do sexo

Parece que – assim me contam conhecidos meus – algumas pessoas já falaram ou escreveram sobre o sexo. É possível. Mas não deixe que isso nos desmotive. Aqui se trata de uma, mas importante, questão que se pode discutir com base no famoso filme de Scorsese, no qual Jesus na cruz experimenta o desejo sexual: queria fazer amor com Maria Madalena. Não vi esse filme. Como era de esperar, ele causou uma grande indignação entre os cristãos, que o consideraram sacrilégio e blasfêmia. Em Paris, foi queimado o prédio de cinema onde estava sendo projetado. Poder-se-ia argumentar que, apesar de o diretor trabalhar seguramente nada mais, nada menos com a ideia do escândalo, depois do qual muito dinheiro viria, na verdade, no pensamento em si não havia nada de blasfêmia. Jesus, de acordo com a doutrina cristã e, afinal, segundo o Novo Testamento, era uma pessoa completa, plena, parecida com todos nós, com exceção do pecado. Não nos preocupemos agora com a questão das duas naturezas de Jesus. Já que era uma pessoa, tinha todas as características físicas humanas; sabemos que tinha fome e sede, que ficava cansado, que sofria dor física. Os pensamentos gnósticos ou maniqueístas, segundo os quais o corpo é uma invenção do diabo e Jesus não poderia ser um ente físico, são contrários à alma e à literatura cristã. Então, pode-se concordar com o fato de que não há nada de herético ou depreciativo a Jesus em incluí-lo na suposição de que também experimentou desejos sexuais, embora não se fale sobre isso nos Evangelhos.

Agora, bastante deprimente seria o testemunho de alguém que voluntariamente se propusesse a esclarecimentos e dissesse que não entende em absoluto o que se passa com os indignados. Todos na verdade entendemos, mesmo que não compartilhemos da indignação.

A proliferação das espécies foi suscitada pela natureza com objetivos que não são evidentes e em relação aos quais os estudiosos da evolução apresentam várias hipóteses (pode-se imaginar que outros mecanismos de reprodução seriam mais eficazes). A incrível variedade de comportamentos sexuais dos humanos é, entretanto, uma obra da cultura, e não da natureza, e também pouco se pode deduzir a partir das definições da natureza: do fato de ter a natureza estabelecido que nos alimentássemos não se pode deduzir todos os cardápios dos restaurantes parisienses e as regras do "saber viver" durante as refeições.

O sexo é diferente dos outros aspectos da fisiologia. Não é um fato dirigido pela natureza, mas pela cultura, quer expressemos nossas experiências de uma forma no momento da alimentação e de outra nas questões sexuais. Podemos publicamente declarar que temos fome; porém, fome de sexo não se declara publicamente. Podemos comer em público, mas a proibição de fazer sexo em público é um tabu muito forte praticamente em todas as culturas; essa proibição pertence às características constituintes da humanização: reflete o conhecimento de como lidar com o próprio corpo, assim como com coisas, e então, ultimamente, a capacidade de diferenciar o corpo de si mesmo. A humanidade provavelmente não sairia do estágio animal caso esse tabu não fosse estabelecido. Outras restrições, proibições ou ordens (além de incesto, estupro e pedofilia) podem ser consideradas mutáveis conforme a civilização e a história, como nos falam, por exemplo, os historiadores das culturas da Índia e da China.

Olhando diariamente a diversidade de loucuras, crimes e tragédias que o sexo provoca, e também a sua descrição em praticamente todas as obras da literatura e da arte, é fácil concluir que não há nas pessoas impulso mais forte. Mas não fica claro como poderíamos avaliar a força relativa das diversas energias instintivas. Se não comer, a pessoa morre, mas não se morre por não copular.

Como sabemos, o sexo na civilização cristã não só está coberto por diversos tabus adicionais, mas também é visto como a fonte mais venenosa do pecado. Pode-se perguntar em que sentido e em qual grau os tabus não universais, mas peculiares a certa civilização, são atados às suas outras particularidades. Que o incesto seja um tabu é comum (embora seja definido de várias formas) e explica-se provavelmente pelo fato de que é uma garantia da existência da família, com a sua hierarquia de gerações e divisão de trabalho – e a família foi a instituição de maior sucesso para servir à continuidade da cultura e a preservação de seus bens. Será que as regras sexuais particulares que se criaram na civilização cristã têm ligação com os resultados dessa civilização na ciência, na literatura, na arte, e depois na técnica? Podemos especular a esse respeito, mas provar essa relação seria difícil, pois tantas outras situações teriam que ser consideradas (sistema de propriedade, sistema da Igreja, condições demográficas, de clima etc.), e seria impossível medir seu sentido particular. É bom reforçar que o tema não é se e com que frequência as regras eram quebradas, mas se foram basicamente questionadas. Somente nos nossos tempos, nas últimas décadas, quase todos os tabus de origem cristã têm sido questionados. Aquilo que uma vez era uma vergonha e cuidadosamente escondido, ou seja, as perversões sexuais, especialmente o homossexualismo, está exposto ao público: não se é castigado pela lei em quase nenhum lugar cristão do passado ou atualmente, e a própria palavra "perversão" é criticada nos textos preocupados com o politicamente correto. Sexo antes do casamento é comumente aceito; a Igreja, mesmo quando relembra as proibições tradicionais, o faz sutilmente e sem muito convencimento, não fala duramente; pares não casados moram juntos às claras e em todos os lugares; a família de muitas gerações está desaparecendo, e os divórcios são comuns; o adultério não é elogiado abertamente, mas até aqui a leniência é considerável.

O cristianismo santificou diversos campos da atividade humana e da vida: abençoa-se às vezes o alimento e faz-se uma oração de agradecimento antes de comer; muitas profissões e situações de vida são santificadas, e nomeiam-se para esse fim santos patronos devidamente destacados (existem, como descobri, santos especializados na defesa das criações ou do gado doméstico). O sexo, porém, não ganhou tal santificação; não há orações para santificar o ato de amor físico; não há rituais de amadurecimento. O casamento, na verdade, é um sacramento na Igreja romana, mas ele não apenas abençoa o sexo como lhe dá permissão; é uma concessão por causa de nossa natureza pecadora, e deve servir não para o prazer, mas para a procriação. Hoje, quando os teólogos falam sobre essas coisas, e sobre as restrições impostas pela Igreja, focam mais frequentemente o fato de que o sexo deve ser uma expressão do amor do casamento, que nos eleva e enriquece, não realmente pelo prazer, e que o torna mais nobre. Não era, porém, a linguagem típica de outros tempos. Desde São Paulo e outros grandes santos – Tertuliano, Jerônimo, Agostinho –, era óbvio que a forma mais desejada de vida cristã era a pureza, e Santo Agostinho, em sua famosa oração, pediu a Deus que lhe desse o dom da pureza, mas não naquele momento. Também era claro que, se o sexo podia ser praticado antes do pecado capital, então não acontecia o desejo pecaminoso, o que na realidade é a parte má das atividades sexuais. De alguma forma, a Igreja trouxe à vida uma categoria de pessoas que incorporaram para si um ideal institucionalmente estabelecido de pureza – homens e mulheres. O lindo poema de amor "Cântico dos cânticos" tem a sua interpretação teológica tanto para os judeus como para os católicos (o diálogo de Deus com o povo de Israel, a conversa de Jesus Cristo com a sua Igreja), embora o leitor não avisado vá se convencer desses argumentos com alguma dificuldade. Por que a civilização cristã empurrou o sexo para um subterrâneo escuro, para uma caverna envergonhada, da qual só se poderia lembrar em uma situação de desgosto, frequentemente com sussurros? Temos a impressão de que a união mencionada – entre a moral sexual cristã e as realizações da civilização europeia – seja verdadeira, embora de comprovação difícil (podemos deixar de lado as especulações psicoanalíticas a esse respeito). Temos em mente, repito, as regras, e não exatamente o seu cumprimento; sabemos, pois, como é a questão da obediência aos mandamentos da Igreja nessa área, e a literatura europeia fala largamente sobre esse tema, lembrando, por exemplo, Boccaccio, Aretino, Rabelais ou Brantôme, sem mencionar os mais recentes; porém, a existência dessas regras é importante – não somente pela ligação com o sistema de propriedade e heranças, mas também pela forma com que contribui na hereditariedade dos bens culturais e da organização do trabalho. Pode-se suspeitar que a monogamia seja uma descoberta boa e valiosa, independentemente de como na verdade funcione em assuntos puramente sexuais, e que os sucessos intelectuais, artísticos e tecnológicos da Europa têm a monogamia como um de seus pilares.

As crianças educadas por dois pais, e não só por um ou por um grupo, são, aparentemente, tanto racionalmente mais organizadas quanto emocionalmente mais estáveis; em resumo, mais capazes de lidar com a vida.

Então, como devemos avaliar a revolução sexual, tal qual aconteceu nos anos 60 e 70? No que se refere a provocar o tema do sexo em debates públicos e reais, e fazer cair várias restrições sem sentido, foi um sucesso; é, entretanto, claro que tudo isso causou também uma explosão enorme na literatura e arte pornográficas – uma obsessão quanto ao sexo na qual a nossa cultura foi jogada. De certo também ajudou na quebra da instituição da família, cuja situação instável é considerada constantemente e com permanente inquietação. Como sempre, em casos como esses, não conseguimos chegar a uma avaliação digna de crédito. A disciplina na vida sexual que seria desejada pela Igreja romana não é passível de ser imposta ao mundo de hoje. Mas, caso um dia se chegue a uma completa desagregação da vida familiar, a um desaparecimento dos tradicionais laços entre as gerações, pode ser que comecemos a considerar se as enormes restrições dos tempos antigos, com todas as suas infelicidades, não seriam em resumo mais seguras, até sob o ponto de vista da autopreservação da espécie humana. Mas isso é uma especulação, da qual não resulta nada. Não vai haver uma contrarrevolução sexual, a não ser que alguma catástrofe global destrua a nossa infraestrutura técnica junto com a maior parte da humanidade, e nos remeta à era do neolítico. Existem muitas *science fictions* que nos projetam esses cenários, mas duvido que muitas pessoas estejam prontas a orar a Deus para que mande tal catástrofe.

Sobre a juventude

A juventude, como se sabe, não é nenhum mérito; não é também um feliz acaso. Daqueles que já não são jovens, a maior parte um dia o foi – procuremos nos lembrar desse fato. A juventude também não é algo que se possa conquistar, ganhar, recuperar, embora o retorno à juventude seja o objetivo de muitos tratamentos. Não é possível definir a juventude pelo número de anos, já que isso depende do contexto cultural; não falamos que o recém-nascido é jovem, então a juventude deve se iniciar e terminar em algum momento (lembro-me de que uma vez li uma nota em um jornal, intitulada "Um homem jovem foi nomeado ministro das Relações Exteriores da União Soviética"; ele tinha 59 anos). Já que a juventude é um estado extremamente desejado, esse estado então existe ou é inalcançável – não há uma terceira opção. O culto à juventude é enormemente disseminado e pode-se perguntar: por quê?

As respostas mais óbvias não são completamente convincentes. Claro que – se considerarmos estatisticamente – as pessoas jovens são mais saudáveis, mais aptas fisicamente, não sofrem das várias e frequentes queixas da idade mais avançada, e a mulher em geral prefere ser bonita e atraente a enrugada e encurvada. No entanto, os jovens são, com mais frequência, vítimas de acidentes automotivos e de outros tipos; eles também morrem mais nas guerras. As pessoas jovens são ainda, inevitavelmente, mais tolas; aqui não é uma questão de acesso a informações nem de inteligência – afinal existem gênios entre os jovens –, mas, sim, em geral, de na juventude não sermos tão capazes de considerar o "outro lado" de cada situação, de perceber a dualidade de todas as situações humanas, de ver as razões daqueles que são contrários àquilo que defendemos. Esse tipo de habilidade, se é que um dia surge, vem com a idade (às vezes, não chega nunca) e, embora seja uma demonstração de amadurecimento, enfraquece a nossa habilidade de agir e de tomar iniciativas. Freia a nossa firmeza, mostra-nos a força limitada de nossas razões, facilmente cria a incerteza. Por isso as pessoas jovens são levadas como que pela habilidade instintiva, ou pelo inconsciente de mergulhar sem pensar em vários empreendimentos arriscados; entram em temas não provados ou sem saídas visíveis; não se preocupam com a falta de clareza de seus compromissos. De alguma forma, elas são a força principal das mudanças, das explosões sociais, das revoluções – isso em causas tanto boas quanto ruins, porque, se por um lado com frequência impulsos nobres despertem os jovens, por outro costumam ser vítimas de ideologias, ilusões e movimentos absurdos e perigosos. As revoluções são geralmente atos de jovens, e revoluções são bem variadas. Houve a revolução bolchevique e a revolução hitlerista: pessoas jovens lhes deram força. Houve também a revolução do movimento "Solidariedade", e também jovens participantes a ganharam. Em Berkeley, na Califórnia, passei um ano em momentos de "topo de onda", ou seja, a assim chamada revolução estudantil (na verdade, não houve nenhuma revolução), quando estudantes, os que menos sabiam, enlouquecidos, tendendo a atos bárbaros, diziam, às vezes, que se deveria matar todos que tivessem acima de trinta anos, porque não queriam dar ouvidos às suas bobagens. Contudo, não seria bom se o mundo só fosse composto de pessoas acima dos trinta anos, e mais ainda de quarenta anos, porque então a estagnação, a incapacidade para o risco, a falta de vontade de se sacrificar em nome de certos propósitos nos ameaçaria. A burrice da juventude costuma ser o início de boas mudanças.

As pessoas jovens são uma fonte de energia em diversos processos sociais, mas, de modo geral, concordam com as ideias desenvolvidas pelas gerações mais velhas, e são exatamente essas gerações mais velhas as responsáveis pelos bons ou maus resultados que patrocinam, e aos quais os jovens agregam dinamismo (os resultados, entretanto, são imprevisíveis).

Então, afinal, qual é a vantagem da juventude ou qual é o seu atrativo, além das vantagens físicas óbvias, que trazem vários prazeres e com as quais todos gostariam de contar? Não seria, creio, essa lembrada habilidade para uma entrega total e inconsciente a uma causa qualquer, boa ou má. Essa habilidade fornece, na verdade, experiências vantajosas quando está em ação, mas não é nostalgicamente lembrada ou desejada quando já se foi, e quando a juventude passou.

Não, aquilo que verdadeiramente é mais atrativo na juventude é a realidade não finalizada, ou o sentimento da amplitude da vida. Quando finalizamos, por exemplo, o nível médio e pensamos o que fazer em seguida, pode nos parecer que tudo é possível. Imagino que posso me tornar um médico ou construtor de pontes, espião ou escritor, industrial ou talvez cafetão, bispo ou assassino de aluguel, ator ou político. Não quer dizer que eu tenha de verdade as habilidades para todas essas atividades, ou que deveria crer que tivesse. Aqui a questão é a autoestima, e o fato de que nada ainda foi decidido ou definido, e que tudo é possível. Quanto mais vivemos, tanto mais nossas possibilidades de escolha se encolhem, tanto mais estamos na mesma rotina, da qual é difícil sair, a não ser como consequência de catástrofes inesperadas e definidoras de destinos.

Será que todos têm uma vivência da juventude nesse sentido? Creio que não. Existem aqueles cuja vida, por vários motivos, fica encoberta, logo cedo, por grandes desgraças, e que nunca experimentam essa euforia da juventude, tão decantada. O mesmo acontece para aqueles cujas experiências desde cedo os levaram ao cinismo, ao amargor e à descrença na vida. Sobre estes, pode--se dizer que nunca foram jovens. Isso porque a juventude é uma qualidade não só biológica, mas também cultural, que às vezes é prezada, porém outras vezes, não. Os poetas românticos tinham a tendência de morrer cedo por diversas razões, e parece que isso pertencia ao estilo da época (Keats, Novalis, Lermontow, Petöfi, Shelley não chegaram aos trinta; Byron, Pushkin, Słowacki, Leopardo não viveram até os quarenta).

Não sei que tipos de particularidades genéticas causam que – como se vê nas evidências diárias – algumas pessoas envelheçam mais tarde, outras mais cedo. É verdade que algumas características da juventude podem ser preservadas por bastante tempo. Na verdade, não é possível conservar as habilidades para atividades esportivas, mas é possível a habilidade para a assimilação racional de coisas novas, o interesse por algo não conhecido até então, a vontade de provar o ainda desconhecido, a capacidade de aprender, ou seja, de ser aluno. Se o conseguimos, se não estamos aprisionados na rotina tediosa dos passos sempre repetidos, na monotonia assustadora dos próprios movimentos, então podemos transferir certas qualidades valiosas dos adolescentes para a velhice. Pode ser que isso não aconteça com muita frequência, mas deu certo para muitas pessoas. Não deveríamos julgar que essa é uma questão decidida definitivamente pelo "caráter" inato; é melhor acreditar que são valores que se podem desenvolver por vontade própria, para tornar a nossa vida interessante inclusive na velhice. Tipicamente, o prolongamento biológico do ser não tem sentido e com frequência traz mais tormento que alegria, simplesmente pelo fato de que afinal ainda não morremos. Sabemos, no entanto, que existem pessoas fisicamente quase intocadas, e não só estão vivas, como trabalham pensando.

Mas existe certa forma de culto à juventude, que é engraçada e tola. Baseia-se no fato de que nos parece que a juventude é um dom de Deus, e disponível para qualquer um: basta somente se concentrar. Então, pessoas que deixaram a juventude para trás há tempos tentam fingir que continuam rijas e cheias de vigor, vestem-se com trajes juvenis, seguem costumes hippies, contraem a musculatura flácida, querem mostrar que gostam de música moderna e outras formas de cultura pop. Se os adolescentes são geralmente irritantes e insuportáveis, tanto mais insuportáveis são os adultos e os muitos adultos que imitam os adolescentes.

O ditado que dizia que os escolhidos dos deuses morrem cedo pode ser entendido de duas formas. Pode simplesmente significar que os deuses não permitem que seus favoritos cheguem a uma idade na qual seriam colhidos pela fraqueza da velhice, quando cheguem às doenças que tipicamente vêm mais tarde, como a doença de Parkinson, a doença de Alzheimer, a artrite etc. Mas pode também ter um sentido mais terrível: possivelmente os deuses querem que os seus amados sejam oferendas de curto prazo para a infelicidade que se chama de vida. Nesse sentido se engloba certa visão da vida, que pode ser assim ilustrada: Lessing teve um filho que morreu depois de algumas horas do nascimento. Pouco depois, ele escrevia para um amigo contando que teve um filho, uma criança extraordinariamente inteligente; fora necessário trazê-lo ao mundo com fórceps, e, tão logo chegou, aproveitou a primeira oportunidade para fugir. Essa sombria visão do mundo poderia ser facilmente derrubada com um simples teste: afinal, as pessoas que acham que a vida é só infelicidade, se quiserem ser coerentes, deveriam imediatamente cometer o suicídio. Parece

159

um bom raciocínio, mas, nestes temas, não nos importamos com as consequências: não é qualquer doutrina que mantém as pessoas na vida, mas sim o instinto.

Então, embora seja impossível decidir que seremos jovens, pode-se decidir que, na medida de nossas forças, não nos entregaremos espiritualmente à velhice – não daquela forma na qual fingimos absurdamente que a questão de idade não nos atinge, mas desta: não viveremos ressentidos pela juventude perdida. Notemos que praticamente todos (assim parece), de forma reservada ou pública, estão ressentidos porque a juventude passou e que "não a aproveitaram". Mas que quer dizer isso? Um pode pensar que deveria ter aproveitado das diversidades do sexo; outro, talvez, pelo contrário, pode ter tido muito sexo, mas poderia ter estudado, pesquisado, ter-se tornado sábio; aquele que abandonou algo, ou que poderia ter lutado por isso ou por aquilo, mas não lutou por nada, depois fica tentando se vangloriar (especialidade polonesa). Aquilo que é possível na juventude, de modo geral, é algo que não se tem em amplas medidas e de todas as formas. Por isso, quase todos são vítimas da ilusão de que "perderam a juventude", que poderia ter sido bem melhor. Não, não poderia.

Sobre o ócio

Podemos ler no Livro do Gênesis que Deus trabalhou por seis dias, criando o mundo, e que no sétimo dia descansou. Os teólogos avisam para que não se tome essa descrição ao pé da letra, porque, afinal, Deus não poderia se cansar com o trabalho: faz tudo sem esforço, somente com a ordem, e, caso use de mensageiros ou executores (como sabemos) – anjos ou pessoas –, o faz com um objetivo específico, por alguma estratégia, e não por desejar usar subordinados em função do excesso de tarefas ou da falta de tempo. O Senhor Deus poderia causar tudo o que quisesse; não quer, porém, fazer tudo sozinho, porque prefere nos preparar para o esforço do trabalho e aprimorar a nossa criatividade. De certo, então, nos dizem, essa frase quanto ao descanso de Deus deve nos dar uma indicação básica sobre o ritmo da vida: devemos trabalhar seis dias, e no sétimo dia ter um dia santo, ou seja, dedicá-lo justamente a Deus. De alguma forma, esse sétimo dia, o *shabat*, também para os judeus, como entre os católicos, não era somente um tempo em que era permitido descansar, mas um dia santificado, quando o trabalho era pecado. Os judeus ortodoxos, como sabemos, sempre seguiram essa regra com um rigor especial, e o pecado de trabalhar no dia do Senhor foi, por séculos, embora com menores escrúpulos, destacado pela Igreja. Sob esse aspecto, os costumes relaxaram bastante, é claro, e, apesar de o católico fervoroso considerar essencial a sua participação na missa aos domingos, não se vê muitas pessoas que, por medo do pecado, não executam suas atividades nesse dia, nem que seja em proveito próprio. É necessário reconhecer que essa ideia de um dia santificado, de um tempo sagrado, quando o ritmo da vida indica e dirige a nossa mente e nossos sentimentos para outros temas que não nossas preocupações e atividades prazerosas, é muito inteligente; é também tão importante, que o Senhor Deus fez dela um mandamento específico – o terceiro no decálogo –, e por bons motivos o papa a lembra. Aqui não se trata de que o descanso seja necessário para a nossa condição física, mas sim para que esse tempo de atividades diárias fosse regularmente interrompido com a meditação sobre temas eternos, com o mergulho na realidade invisível, porém mais importante, da qual a realidade secular é só um pálido e torto reflexo, para que então o tempo secular seja, de alguma forma, renovado pelo santificado, como se a vida recomeçasse de novo no mundo.

É difícil, entretanto, evitar certo sentimento de dualidade quando consideramos a questão de trabalho e feriados. Afinal, o Senhor Deus somente condenou Adão ao trabalho pesado para conseguir a sobrevivência na vida, e Eva, às dores do parto, depois do pecado e da expulsão do paraíso. Claramente resulta desta história bíblica que o trabalho, assim como as dores do parto, são um castigo pelo pecado. Será que devemos então reconhecer que o trabalho seja realmente uma necessidade ruim e que devemos aguentar essa obrigação como pagamento justo pelos nossos crimes e maus comportamentos, que a nossa vida na terra é como um campo de trabalhos, e, mesmo que os habitantes (prisioneiros) do campo precisem se render aos seus rigores, porque não têm saída, é difícil esperar deles que recebam essa coerção com alegria? Se for assim, então deveríamos talvez concluir que a melhor e única boa forma de vida é ficar no paraíso, onde podemos curtir uma preguiça eterna, tudo nos é dado numa taça, por assim dizer, e são satisfeitos todos os nossos desejos, sempre que não contrariem os princípios de Deus. Porém, também diziam-nos os teólogos que o Senhor Deus quer nos preparar para o esforço, para a invenção, para o desenvolvimento de nossas habilidades mentais, ou seja, para o trabalho entendido não como um castigo chato, mas como uma forma de autoaprimoramento, autopolimento, progresso (se é que se pode usar essa palavra tão gasta e tão mal-empregada). Claro, vários teólogos criticam o pecado da curiosidade, sem o qual, com toda a certeza, não teríamos saído do nível semianimal. Tanto a preguiça total como o trabalho, sempre considerados infelicidade e castigo, deixariam-nos para sempre e sem mudança nesse nível primitivo. Para comprovar pelo menos a declaração de Pitágoras, seria necessário certo esforço deste sábio, e nunca conheceríamos esta declaração dele, se ela dirigisse sem parar quaisquer desejos de evitar algum esforço. Na sequência, o trabalho, tratado como algo para o qual o chicote de chefe nos obriga, não pode ser criativo; caso fosse assim compreendida, a declaração de Pitágoras permaneceria para nós desconhecida.

    Então é importante diferenciar o amor pela ociosidade total da consciente economia de esforço. As pessoas imaginaram a roda, o arco, a agulha, o arado e algumas outras coisas um tanto mais complicadas (mas estas primeiras foram com certeza a arte de um gênio incomum). Pode-se dizer que foram excelentes colheitas da preguiça, porque por meio delas tanto esforço físico pode ser economizado! Nesse sentido, toda a nossa civilização é um produto da preguiça. As descobertas que economizam esforço mental são já um resultado de nosso século, embora artefatos desse tipo, modestos, mas extraordinariamente úteis, tenham sido inventados antes dos computadores – por exemplo, as réguas de cálculo e as máquinas de calcular.

É muito óbvio que não é verdade que as pessoas gostariam de estar livres de quaisquer esforços físicos: para que teriam inventado os esportes e as várias rotinas de ginástica, para os quais não são forçados por uma necessidade da vida? E, mesmo se temos vontade de ficar deitados durante o dia inteiro no sofá, ainda assim isso não é sem sentido ou totalmente inútil – sempre encontramos alguma ocupação: alguém lê, alguém escreve cartas ou matérias para jornais, alguém fala com conhecidos pelo telefone, alguém assiste à televisão e alguém se ocupa de diversões mais ou menos absurdas, por exemplo, fazer palavras cruzadas. Da mesma forma, atividades como assistir à televisão ou ouvir rádio muitas vezes são consideradas perda de tempo – e, por essa razão, com intranquilidade se calcula quantas horas passam nisso as crianças e a juventude –, mas isso não é totalmente correto: são atividades que exigem alguma concentração. Então, mesmo os verdadeiros artistas da preguiça (que existem), que imaginam todas as possíveis formas do não fazer nada, não são como inertes toras de madeira. De verdade, são improdutivos; não contribuem quase nada ou muito pouco com os outros, mas absolutamente não são destituídos de curiosidade, de vontade de estudar, mesmo que de forma não sistemática e só para se divertir no contato com outras pessoas. Em cada caso, é importante diferenciar a falta de produtividade da bagunça completa.

Não; não fomos criados para a absoluta preguiça, ou seja, para a morte. Não gostamos, entretanto – pelo menos a maioria de nós –, da disciplina do trabalho, e não gostamos do trabalho, que depende de uma repetição monótona da mesma atividade, que não cobra pensamento nem considerações. Quando realmente surgiram as formas de produção marcadamente diferentes, nas quais o trabalho do operário na correia transportadora foi reduzido a um movimento repetido durante um grande número de vezes, como se vê, entre outros, no filme de Chaplin *Tempos modernos*, iniciou-se, nos anos 30, uma grande discussão sobre esse tema. Falava-se da desumanização do trabalho, da substituição do trabalhador pela máquina. Essa crítica também já havia aparecido no século XIX na literatura socialista, e certamente havia nela boas razões; Lafargue, um conhecido teórico do movimento socialista, e genro de Marx, escreveu um trabalho sobre o direito à preguiça, em que claramente classificava o trabalho como um mal necessário, e colocava, em contrapartida, a vida humana verdadeira, que seria de farras e beber vinho. O tema da desumanização por meio das máquinas na produção capitalista é também frequente em Marx, embora a esperança de que tudo mude radicalmente, e de que o trabalho seja humanizado como consequência da derrocada da propriedade privada, não deve se tornar realidade. Nossos tempos em parte afastaram ou estão afastando os medos e as previsões negativas ligados à fase anterior da industrialização, mas ficou demonstrado que, naquelas simples atividades repetitivas, as pessoas podem ser substituídas com sucesso por robôs.

Continuam ainda as ponderações sobre o lado moral e antropológico do trabalho. Existe uma ideia de que o trabalho como tal carrega em si um valor, que é algo nobre – não porque seja essencial para nos prover de bens necessários, mas porque nos convém como pessoas, confirmando a nossa humanidade. Se isso é assim, provavelmente depende do tipo de trabalho que se tem em mente. As pessoas que, para sobreviver, necessitam realizar trabalho físico pesado – pedreiros, agricultores, que têm somente ferramentas manuais para a atividade – podem, de certo, ser pessoas nobres, porém é duvidoso que abençoem o seu trabalho como uma fonte de enobrecimento espiritual. Provavelmente, contudo, o contador, que, no passado, vagarosamente lidava com longas colunas de números, está contente, porque pode atingir resultados bem melhores pelas teclas de um computador. De fato, existem ocupações que geram satisfação não porque por meio delas ganhamos a vida, mas porque seus resultados nos parecem construtivos e bons, como também concluiu o Senhor

Deus após várias fases da criação, mas – deve-se notar – não foi após o último dia de trabalho que criou o homem. O que aconteceria caso – permitamo-nos um pouco de fantasia – a automação da produção e a distribuição atingissem tal nível que tudo fosse criado sem a participação das pessoas, quando moraríamos em Schlarafenland, o país dos pombos assados? Certamente criaríamos algumas ocupações – pode ser que improdutivas, mas interessantes –, porque a preguiça nos agradaria muito. Nessa inatividade paradisíaca, onde se necessita forçar a mente para inventar algum tipo de ocupação, apareceriam com certeza outros problemas a nos preocupar: haveria uma multidão de sábios, poetas, compositores, filósofos, teólogos, matemáticos, historiadores da Finlândia do terceiro quarto do século XIII, o que provocaria guerras contínuas dos clãs e grupos, e pode ser que, como consequência dessas guerras, a humanidade voltasse para o paleolítico. Então, nossos temas não parecem irrealizáveis.

Sobre a consciência

Cada um de nós compreende o que quer dizer a frase: "Eu deveria fazer isso, mas não tenho consciência para tal coisa". Pode parecer estranho que a consciência não dê permissão para algo que, ao mesmo tempo, essa pessoa sabe que deveria fazer. Pode-se ver, com esse exemplo, que existem duas questões diferentes: estar convencido abstratamente, com base em alguma doutrina moral aceita, que se deve fazer algo, e vivenciar a experiência que o impulsiona a fazer algo. Pode acontecer de existirem algumas regras morais, das quais se comunga, e, de acordo com essas regras, ser minha obrigação fazer algo, e, frente a esse algo, eu vacilo, porque – por exemplo – causaria uma grande tristeza a algumas pessoas que são amigas, das quais gosto. Esse não precisa ser o conflito de dois princípios: às vezes, trata-se do conflito de algum princípio moral com a própria experiência, a qual também se pode chamar de moral. A consciência não é composta por princípios, não é doutrina nem ideologia; é mais propriamente um campo de sensibilidades, uma instância interior, cuja presença conhecemos, porque aparece na experiência, e ordena ou proíbe algo. As doutrinas podem ser verdadeiras ou enganosas, corretas ou não; ordens e proibições que simplesmente existem são acontecimentos que se passam em nossa consciência.

Quem dá essas ordens e proibições? O sociólogo certamente diz: a sociedade que mora em nós, a qual já internalizamos. O seguidor de Freud: o superego. O teólogo, contudo, diz: a voz da consciência está presente em nós por meio da instilação da lei natural por Deus. O seguidor da ideologia que se autodenomina sociobiologia seguramente diz: todas ou quase todas as espécies de animais são dotadas de freios, os quais dificultam causar danos e matar membros da mesma espécie; na espécie humana – adiciona –, esses mecanismos são significativamente enfraquecidos; por isso mesmo a natureza é sagaz: para apoiar o interesse da espécie, mandou as pessoas criarem para si várias doutrinas morais ou religiões e a Deus – várias forças que devem nos assustar e atuam como substitutos imperfeitos daqueles freios gastos.

Não é minha intenção discutir esses esclarecimentos nem sequer perguntar a seus autores como eles sabem disso. Podemos analisar a questão da consciência sem exagerar, pensando que ela procede de Deus ou da biologia, ou que vem da sociedade, ou talvez de todas essas instâncias em conjunto, mas, supondo que venha de nós mesmos, ou seja, que cada um de nós, individualmente, faça declarações ou dê ordens, parece que não está em nosso poder mudá-las conforme a própria visão; eu as declaro, mas elas estão presentes em mim como chefes impessoais; fazem parte da minha experiência, então são como uma parte de mim, embora ao mesmo tempo apareçam como vindas do exterior: forças independentes de mim.

Será que todos são equipados com um tribunal? Pode-se duvidar quando se veem as pessoas que cometem crimes horrorosos e não demonstram de nenhuma forma que tenham algum sentimento de culpa por isso, sentindo apenas por terem se deixado pegar. Consideramos que estas são pessoas terrivelmente feridas espiritualmente, mas elas existem.

É claro que as ordens da consciência são tipicamente mais fortes ou fracas, mais fáceis ou mais difíceis de vencer, quando se chocam com outras motivações. A consciência, afinal, não é algo que trabalha continuamente, com uma voz sempre audível – seus avisos, chamados ou sofrimentos se ouvem quando estão presentes em nós forças, impulsos, movimentos instintivos ou atos de vontade que nos inclinam a algo que a nossa consciência rejeita como um vigilante ou um sistema de alarme. Será que cederemos à consciência, ou a esses outros desejos e tendências? Esse não é o resultado mecânico do encontro de dois agentes contrários, dos quais o mais forte deve vencer, de forma que, se de início soubéssemos calcular as forças individuais, saberíamos logo o que aconteceria. Se fosse assim, se fosse o caso do choque de duas massas independentes, mas nascidas ao mesmo tempo e dotadas de força desigual, não haveria razão para que, em qualquer momento, tivéssemos remorsos de consciência após fazer algo que sabemos ser contrário às experiências vividas aqui e ali, que nos indicam o bom e o mau. Diríamos simplesmente que a mais forte ganhou da mais fraca nessa colisão mecânica, da mesma forma que um caminhão pesado, quando bate em um automóvel, seguramente o amassa; seria como um acidente com alguma lei da natureza. Na realidade, se pensamos assim sobre o tema, claramente rejeitamos nossa liberdade e nossa responsabilidade: já que não ouvimos a consciência, ou seja, não pudemos ouvir, o peso maior ganhou. Não temos com que nos preocupar.

Mas a consciência não existe caso não haja algo como o sentimento de culpa, remorsos de consciência, e a própria presença deles já testemunha sobre isso, que poderíamos proceder de outra forma ou, pelo menos, que acreditamos ser assim, já que somos livres. Dores de consciência são a flagrante evidência de nossa liberdade de vontade. É uma verdade banal que o caráter de tal conflito e a chamada tentação da força são variados, dependendo de diversas situações. Suponhamos que eu tenha encontrado uma carteira com dinheiro e documentos que identificam o dono, e que eu – roubando – sei que não me arrisco a nada, que não me pegarão. Caso a quantia de dinheiro não seja tão grande a ponto de, pelo roubo, eu melhorar realmente a minha situação financeira, certamente a devolução da carteira me será melhor, pois, aos meus próprios olhos, não passarei por ladrão, e o autocontentamento com a própria condição moral ou espiritual é algo importante. Pode-se então dizer que alguma consciência age dentro de mim. Caso a quantia de dinheiro seja significativa, e eu por acaso tenha reais problemas financeiros, que ameaçam a mim e à minha família, pode-se dizer que a tentação é forte, mas, mesmo nesse caso, não tenho o direito de dizer que é irresistível e que não sou livre. Sem dúvida, as pessoas cometem vários deslizes em condições nas quais estamos dispostos a justificá-las ou mostrar complacência (mentir para apoiar alguma boa causa, roubar para salvar alguém, roubar por verdadeira fome), mas isso não muda nossa opinião sobre o tema da manutenção da liberdade; no máximo, mostra que regras morais muito rígidas não servem muito ao mundo real, e nos conscientiza da verdade, conhecida desde criança, de que as questões humanas são profícuas na dualidade.

A amplitude de acontecimentos e situações, por meio dos quais a consciência acorda e bate à porta, é claramente determinada pela tradição cultural, pela educação, pela religião, embora não se possa garantir com certeza que não haja lá nada diferente, ou seja, que não está lá nenhum recurso pertencente à chamada natureza humana, imutável historicamente. Um judeu fervoroso pode ter dores na consciência porque provou uma lagosta; já o fervoroso cristão, porque se esqueceu de contar algo na confissão. Outras pessoas, que nada temem, e têm consciência, não são uma prova contra a existência desse indicador. Elas, na verdade, não pertencem à civilização, e, se suas características psicóticas são inatas, ou inseridas pela criação, não está dentro de minha autoridade considerar isso – outros já o têm feito há tempos. Da mesma forma, não pertencem à civilização indivíduos com o cérebro bastante comprometido, não podendo compartilhar uma vida em comunidade, ou também as pessoas afetadas por um forte grau de apatia. Esses são casos de uma grande incapacidade. Temos dúvidas de se eles realmente fazem parte de nossa espécie: em caso negativo, de qualquer forma, não se deve nem é permitido matá-los. Será que outras pessoas, normais sob todos os outros aspectos, mas no geral incapazes de ouvir a voz da consciência, que destruíram esse órgão ou nunca o tiveram, podem ser ainda educadas, trazidas até outra sensibilidade? Eis algo que não se pode de modo geral determinar; é mais seguro supor que seja possível.

Certamente também é uma verdade da experiência diária que a consciência, ou uma grande parte dela, pode ser perdida pelo hábito. Imagino que um carcereiro que tortura e mata prisioneiros lançando mão de algum poder pode, no início, ter uma má consciência, já que a abafa em nome de alguma ideologia e tem justificativas para a sua profissão, mas, com o tempo, perde essa sensibilidade e trata o seu trabalho como se matasse pernilongos.

Pode-se perguntar: quando de fato aparece o conflito entre a voz da consciência e alguma regra moral qualquer reconhecida, que se deve escutar? Não existe uma boa resposta geral para isso, eliminando as exceções, mas se pode permitir uma suposição de que ouvir a consciência é, em resumo, mais seguro, e que ela nos pode enganar menos que as regras morais, porque estas quase sempre conseguimos manipular a nosso favor.

Sobre aquilo que é bom e verdadeiro

Quando falo, por exemplo, que é uma coisa boa ajudar o próximo em necessidade, e uma coisa ruim torturar pessoas, tenho em mente – e o mesmo pensam, quando declaram sua opinião, quase todas as pessoas, com exceção de um punhado de filósofos alimentados pelos dogmas do empirismo lógico – que é assim exatamente: que um é bom e o outro é ruim. O argumento de que isso é baseado nos conceitos instilados em mim pela educação e que, por essa razão, não se consegue qualificá--los como verdadeiros ou falsos não tem muita força, porque qualquer coisa que se expresse pela palavra é fundamentado na cultura e instilado pela educação, assim como declarações do tipo "o céu é azul" e "dois e três são cinco". Então, caso algum conceito meu de fato seja proveniente de minha educação, não resulta absolutamente que tenha algum valor lógico. O contra-argumento de que o primeiro dos conceitos trazidos é diretamente empírico, e o segundo, analítico, também não convence, já que evita a notória impossibilidade de uma boa definição daquilo que é empírico e do que é analítico (e essa impossibilidade contribuiu bastante para que os defensores fervorosos do empirismo lógico sejam hoje, depois da morte de Ayer, uma espécie em extinção). Esse argumento coloca justamente o dogma de Hume, segundo o qual as decisões mentais dividem-se em duas classes – aquilo que está em demasia é do mal. Porém, não há motivos cativantes para aceitar esse dogma. Foi várias vezes notado que as regras do empirismo – como quer que sejam consideradas, de forma mais ou menos restrita – não são elas próprias confirmações empíricas de seu próprio sentido (também não verdadeiras do ponto de vista lógico) e ninguém é forçado a aceitá-las sob a ameaça de enlouquecer. Então, se existem normas, é preciso esclarecer por que especificamente eu teria, ou qualquer outro, de aceitá-las.

De fato, nada impede a suposição de que existe uma forma de percepção ou intuição específica, expressa pelos julgamentos do bem e do mal; colocar isso não quer dizer necessariamente acabar com a diferença entre esses julgamentos e as declarações meramente empíricas. Essa diferença pode ser conservada.

Os adjetivos "bom" e "mau" são apenas um disfarce, com a ajuda dos quais queremos dizer na verdade "agradável" ou "desagradável", "útil" ou "prejudicial", ou também pensa-se que, muitas vezes, essas palavras expressam emoções, começando pelos sofistas gregos e frequentemente pelos naturalistas, materialistas ou positivistas (Hobbes, Spinoza, Hume e todos os sucessores deste). Essa crítica não é digna de fé, e por vezes é simplista. Nossos julgamentos sobre o que é bom ou mau frequentemente têm a função oposta: não são exatamente julgamentos de se isto ou aquilo é "agradável" ou "útil" para o declarante, mas sim representam meios de confirmação mútua entre as pessoas quanto à correção dos comportamentos, aos quais a necessidade delas "de ser agradável" ou "de utilidade" se contrapõe. Caso, nos julgamentos sobre o bem e o mal, expressássemos somente a nossa opinião sobre o que para nós é agradável ou útil, esses julgamentos seriam completamente dispensáveis, e não se sabe para que serviria esse alegado disfarce de palavras.

Uma opinião contrária – já que existem julgamentos que falam daquilo que é – poderia estar amparada pelas mais diversas razões filosóficas (ou simplesmente satisfazer-se com o sentimento popular). Caso se evite indicar, nesses casos, a autoridade de Deus (em Deus, a verdade e o bem se juntam, portanto, é verdade o que sabemos dele nas questões do Bem e do Mal, do mesmo modo como em outras questões), essas razões poderiam ser uma fé platônica no conhecimento intelectual do bem ou uma fé fenomenológica na essência da intuição (caso exista tal intuição, seus resultados em questões do bem e do mal são igualmente válidos, como em todas as outras), ou a doutrina de Kant (segundo a qual a diferença entre os julgamentos empíricos e os morais é conservada e importante, mas estes últimos se podem consolidar racionalmente *a priori*), ou, por fim, a filosofia radicalmente pragmática, na qual o conceito tradicional da verdade é anulado e o critério pragmático da validade se aplica igualmente aos julgamentos teóricos da avaliação do bem e do mal, e até pode ser que todos os julgamentos teóricos sejam, quanto ao sentido básico, avaliações.

Será que a suposição de que existe uma intuição específica do Bem e do Mal inclui silenciosamente alguma fé metafísica, especialmente uma fé em que esteja presente uma ordem moral do mundo, que precede nossas experiências e é diferente da pergunta anterior, logicamente independente? Aqui não investigarei o tema.

O argumento mais importante contra a fé amplamente aceita – ao falar sobre o bem e o mal, estou falando daquilo que é, e não sobre mim mesmo – é o desacordo entre as pessoas e as civilizações nesses assuntos. Aparecem, aliadas a isso, quatro observações. Em primeiro lugar, o fato de que alguns julgamentos são conflitantes não significa que sejam destituídos de valor lógico. Em seguida, também não os invalidaria se pensássemos que não existem bons meios para validar ou comprovar tais julgamentos. Em terceiro lugar, não é absolutamente seguro até que ponto vai o desacordo, caso se deixe de lado a sua cultura da fé por outras atadas às suas mitologias e seus rituais (por exemplo, tabus alimentares), e quando se deixam de lado as questões fundamentais, ligadas a prejudicar outras pessoas, a respeito da solidariedade e da ajuda. Os mais variados horrores e atrocidades praticados em sociedades primitivas e civilizadas não são geralmente apoiados pela fé doutrinária de que "isso é o verdadeiro bem moral"; é comum, e não uma exceção, que, ao praticar o mal, ou estamos conscientes de que o praticamos (em vez de ter em mente, como Kant pensa, algum falso "lema", que diz que fazer isso é bom), ou, ao buscar para si uma justificativa, o transformamos em bem, de forma que pareça que um bem maior apareceu como consequência do mal; nessas questões, é frequentemente possível o retorno ao conhecimento empírico (que não tem um sentido prático; somente lógico), ou, afinal, agindo sob o efeito dos afetos comuns – ódio, vingança, amor, desejo –, não paramos em absoluto para pensar no bem e no mal. E, em quarto lugar, o conflito principal parece se concentrar na diferença entre a moral tribalista e a humana em geral: aquilo que é moralmente proibido dentro da tribo é permitido ou recomendado frente aos estranhos à tribo; em outras palavras, não há ainda fé de que as regras de natureza moral aplicam-se, por definição, a todas as pessoas. E não é que se trate de uma suposição atrativa de que, assim como somos educados como crianças sobre várias coisas que contrariam os comportamentos recomendados pelo instinto (e nisso em geral se baseia a assimilação da cultura), o gênero humano aprende gradualmente a diferenciar a moral da tribo da humana, e a abandonar – pelo menos apenas verbalmente – a primeira pela segunda. Isso é, confesso, uma suposição otimista, mas pode ser que não totalmente absurda: a doutrina dos direitos da pessoa é, muito frequentemente, brutal e cruelmente violentada, mas muito pouco questionada em termos legítimos;

talvez seja uma prova de que os bárbaros se envergonharam de sua barbárie e carregam em si um conhecimento ameaçador e um tanto consciente sobre o fato de que são bárbaros.

O meu credo diz que a diferenciação entre o bem e o mal é uma obra da intuição moral, e que, além disso, é uma diferença relativa àquilo que importa no mundo humano. Mas vou repetir aqui algo sobre o que já tive oportunidade de escrever: toda essa discussão levada tediosamente por séculos sobre o tema de se, a partir dos "julgamentos descritivos", introspectivos, se pode concluir sobre os "julgamentos avaliadores" (não se pode), e se estas avaliações morais podem ser classificadas como verdadeiras ou falsas (podem), é muito pouco importante do ponto de vista da educação moral; isso porque estamos assimilando o conhecimento moral, não por meio do fato de que alguém nos convence, porque Kant, ou Husserl, ou Platão tinham razão, mas pelo fato de sermos capazes de sentir culpa, e realmente experimentá-la, quando rompemos as regras que sabemos serem corretas.

Sobre a pena capital

Não é possível dizer nada novo sobre a pena capital. Mas, também nesse assunto – assim como em muitos outros –, a repetição não é nem dispensável nem tola.

Lá, onde a punição com a morte foi extinta, isso aconteceu como uma regra decidida pelos parlamentos, à revelia da vontade da maioria da sociedade. Esse não é, entretanto, um bom argumento a favor da pena capital; igualmente contra a vontade da maioria extinguiu-se a caça às bruxas. Pode-se pensar que, nos bons tempos, quando ainda não havia nem sociólogos nem pesquisas de opinião pública, a maioria observava com prazer os espetáculos divertidos, como quebrar com uma roda os falsários de dinheiro, enterrar vivas as adúlteras e cozinhar os ladrões em água fervente. Os parlamentos podem ter razão contra a maioria. Antes que vários países – iniciando na segunda metade do século XIX – extinguissem a pena de morte, já limitavam gradativamente a sua aplicação (na Inglaterra do século XVIII houve ainda algumas centenas de ameaçados com o enforcamento, incluindo pequenos ladrões) e amenizavam os procedimentos cruéis de investigação. Também aconteciam, como sabemos, atos de retorno de penas suspensas, como ocorria em vários estados americanos.

Todos os atos de castigo de pessoas pelo mal feito são geralmente baseados em razões utilitárias ou morais. As razões utilitárias são de dois tipos e deve-se considerar se delas sairá a recomendação da pena capital. Uma razão é a neutralização do criminoso, de modo que ele não possa mais cometer atos criminosos. É claro que, para isso, a morte do criminoso é o meio mais eficaz e confiável. Dessa observação clara, porém, não se sabe que tipos de atos deveriam ser castigados com a morte, porque cada escapada, mesmo a mais insignificante, seria sujeita à mesma lei; enforcamento ou decapitação do criminoso impossibilitam outras ações criminosas. Pode-se dizer que uma prisão longa ou perpétua em geral se destaca pela mesma eficácia caso se prove que a pena seja de fato cumprida (na Inglaterra, quase todos os presos em prisão perpétua são, cedo ou tarde, libertados; pode-se até ler a sentença de juízo, para que o criminoso, após o cumprimento da pena de prisão perpétua, seja deportado do país; nos Estados Unidos, pode haver penas de 400 anos de prisão).

Contudo, a prevenção da continuação de atividades criminosas não é um argumento suficiente a favor da pena, porque acontece com frequência de a possibilidade de esse mesmo criminoso repetir o seu crime na prática ser mínima; seria então o caso de, nessas situações, não castigar os criminosos em geral, inclusive quando se trata de assassinato.

De todas as formas, esse argumento utilitário não defende a questão de que a pena capital seja absolutamente necessária.

Outro argumento utilitário é também o papel da pena como um meio amedrontador para outros criminosos potenciais. Como se sabe, há tempos são conduzidas experiências estatísticas em diversos países sobre o tema. Se a pena de morte cumpre bem a sua função de assustar? Não, não cumpre. Embora saibamos que a amplitude dos crimes dependa de muitas situações. Mas as estatísticas são bastante claras: a extinção da pena de morte não aumenta o número dos crimes que a possibilitam, e o retorno da pena não os diminui. Os direitistas diziam, muitas vezes, apoiando-se em bons argumentos, que não é exatamente a significância da pena o que assusta os criminosos, e sim uma probabilidade muito grande de serem julgados e penalizados. De algum outro lugar, um argumento utilitário que pode ser criticado por razões morais: se tomarmos a regra de Kant com seriedade, segundo a qual a pessoa deveria ser tratada como um objetivo em si mesmo, e não como um meio, matar pessoas para dar um bom exemplo aos outros parece-me como um claro descumprimento dessa regra. Será que podemos matar para dar um exemplo? (E aqui se pode trazer um contra-argumento: em situações-limite, quando a vida de toda a nação corre perigo, pode ser que fosse aceitável; por exemplo, matar desertores em tempos de guerra.)

Existem também, ao lado dos utilitários, argumentos de natureza moral, e vale a pena considerá-los. Conhecemos, é claro, crimes tão hediondos, tão horríveis, que a exigência de o retorno da pena capital ser levantada nesses casos é compreensível. Que vamos dizer à mãe cuja filhinha de seis anos foi violentada e esganada por algum degenerado ou por um homem jovem completamente normal que nunca parou para pensar na diferença entre o bem e o mal? (E desses tipos há cada vez mais.) Será que conhecemos muitas pessoas que ficaram indignadas com o veredito do julgamento de Nuremberg pela razão de ter declarado várias vezes a pena de morte (mas não porque alguns assassinos no fim se livraram do enforcamento)? Mesmo que alguém nos explicasse que o veredito não tinha força, e que o próprio julgamento era ilegal, porque ali era o uso de leis agindo sobre o passado, será que estávamos preocupados com esse argumento? Um juízo bem ou mal organizado, mas quem duvida de que a gangue dos chefes hitleristas não merecia nada melhor que a forca? Pode-se dizer que o processo de Nuremberg era a continuação da guerra, e nada se pode fazer se a guerra é regida por diferentes regras. É duvidoso que muitas pessoas tivessem pena do casal Ceausescu, mortos sem julgamento na onda de um movimento quase revolucionário. Mas lá, onde se quer ter um país legal, os processos de autoridades proeminentes do governo anterior normalmente não dão certo. Em alguns casos, a retaliação, ainda que a vítima não tenha direito de executá-la, não nos indigna; caso aquela mãe que mencionamos antes matasse o assassino, estaríamos inclinados a inocentá-la e certamente o juizado a inocentaria (embora a lei não pudesse ajudá-la em um assassinato). Talvez existam então casos de assassinatos justificados, embora não aconteçam por força da lei (um tratamento indulgente dos chamados *crimes passionels* na França e na Itália foi um tanto exagerado).

Mas será que os aspectos morais justificam a pena de morte? Perguntemos: por que não queimar numa fogueira ou arrancar a pele em praça pública de pessoas que andam de ônibus sem bilhete ou que estacionam seu veículo em lugar proibido? Vocês podem responder que aqui encontramos a falta de proporção entre o ato e o castigo. Mas o que quer dizer proporção e falta de proporção nesse exemplo? Não existe nenhuma proporção natural entre o ato e o castigo; o pagamento é calculado, por assim dizer, em outra moeda, e, nessa questão, nenhum sentimento inato de justiça ou de lei natural nos obriga a algo. Em tempos não muito idos declaravam-se terríveis penas de morte por crimes que hoje passariam por triviais, e o povo as tratava como coisa natural. Desde o momento em que surgiram grandes obras, que no final modificaram as barbaridades do direito penal – de Montesquieu, Becar, Bentham –, o conceito daquilo que é natural em questões de culpa e punição, pouco a pouco, foi mudando. No final, pode-se dizer, tem a ver com as convenções históricas relativas. (Até o código de Hamurabi não havia, com o seu direito de retaliação, o mérito da proporção: se Paulo matou o filho de Miguel, então Miguel tinha o direito de matar o filho de Paulo; dessa forma, o totalmente inocente filho de Paulo era morto por força da lei; mas então as crianças eram propriedade do pai, como cadeiras.) Não podemos, entretanto, prescindir das razões morais na avaliação dessa questão e parar só nos argumentos utilitários. Nossa civilização depende da fé de que existe uma coisa como um ato mau, de que existe a culpa e de que cada um é capaz de sentir a culpa, de que o criminoso não é só o autor de certo ato (o que é uma descrição neutra), mas realmente o culpado. Em outras palavras: o castigo não é somente para assustar e para prevenir outros atos criminosos; é também um pagamento pelo mal cometido. O pagamento (retribuição) é diferente da vingança, porque a vingança, como a conhecemos, provém da emoção, e o pagamento não exige emoção.

O direito penal não pode ser encontrado a partir da lei natural, porque não tem regras nem limites inquestionáveis da lei natural; notemos que, dos dez mandamentos de Deus, no mundo civilizado, apenas três são penalizados: matar, roubar e – em alguns casos, como depor em juízo sob juramento – "realizar depoimento falso". Mas, afinal, precisamos da fé, já que o mal e o bem são qualidades reais do mundo humano, e não uma invenção livre nossa, e que podemos mudá-los e anulá-los conforme nossa vontade, em todos os seus componentes. Carregamos em nós uma intuição boa e uma ruim, embora, como tudo, ela possa ceder à extinção patológica. Existe então a culpa, e existe o castigo como pagamento pelo mal cometido.

Aqui é necessário notar que o argumento contra a pena de morte não pode ser a santidade da vida humana como regra absoluta. Dessa imaginada santidade de vida humana resultaria, pois, que o assassinato de alguém, em qualquer circunstância, fosse moralmente proibido, e que, portanto, seria proibido também no caso de defesa frente a um ataque ou de uma guerra invasora. Essa é claramente uma conclusão inaceitável. O pacifismo absoluto é justamente uma permissão para a pior tirania criminosa. Existem situações em que matar pessoas é permitido e recomendado em defesa pessoal, seja individual ou coletiva. Matar terroristas armados em ação é completamente justificado.

Mas então daqui não se conclui que a pena capital, como ferramenta do direito penal, seja justificada. Mesmo que se possam entender os sentimentos das pessoas que querem a volta da pena de morte na presença de crimes particularmente terríveis (eu mesmo tenho às vezes esse sentimento, reconheço), esse pedido não é fundamentado nem do ponto de vista utilitário, nem do moral.

Muitas vezes se levanta o tema dos erros judiciários, os quais, em caso de execução, não se poderiam corrigir. Na verdade, no mundo civilizado, a pena capital não é em geral pronunciada em processos circunstanciais, mas erros terríveis, embora não sejam frequentes, acontecem. Nos últimos anos, na Inglaterra, foram invalidadas em duas situações sentenças de prisão de longa duração para pessoas acusadas de atividades terroristas; essas pessoas ficaram por muitos anos na prisão, e a acusação era tal que, se houvesse a pena de morte nesse país, ela teria sido seguramente aplicada.

Outro argumento, levantado frequentemente, é o seguinte: a lei é uma ferramenta bastante complicada, e, ao trazer de volta a pena de morte, estarão mais sujeitos a ela os mais pobres e os menos hábeis do que aqueles que podem usar da ajuda de melhores advogados; essa diferenciação é incorreta, pelo menos no caso da pena capital. É um argumento razoável, mas absolutamente não conclusivo.

Conclusão: não existem argumentos inválidos, morais ou práticos para a utilização da pena de morte; não existem também argumentos inválidos em relação ao contrário. É mais seguro, entretanto – tanto no sentido utilitário como no moral –, seguir o exemplo dos países civilizados, que baniram a pena de morte e, por essa razão, não caíram na ruína.

Sobre os estereótipos nacionais

É um fato muito raramente percebido que grande parte do nosso universo mental – nossas imagens do mundo e de outras pessoas e nossas reações a elas – é feito ou causado por estereótipos. Por estereótipos entendo as generalizações quase empíricas, espontaneamente formadas, que, quando se consolidam, quase não se podem corrigir pelas experiências posteriores. Isso é natural, e talvez possa ser um bom arranjo da mente: os estereótipos – de coisas, pessoas, nações e lugares – são indispensáveis para nossa segurança mental. Por essa razão, mesmo que sejam plausíveis, meias verdades ou totalmente falsos, tendem a sobreviver contrariando as experiências – a não ser que causem alguma consequência claramente negativa. Caso sejam errados, mas na prática inofensivos, mantêm-se inócuos, porque nos sentimos mais seguros em ficar com estereótipos, mesmo que falsos, do que viver em um estado de constante expectativa.

Sob esse aspecto, os estereótipos nacionais não se diferenciam de outros. Tomemos como exemplo a Inglaterra, que tem a reputação de ser um país chuvoso. Essa reputação não se apoia no estudo de estatísticas meteorológicas, mas em uma espontânea generalização. Já que essa reputação se consolidou em uma lógica especial, um mecanismo especial não lógico passou a funcionar. Quando chove na França, simplesmente está chovendo. Agora, cada dia de chuva na Inglaterra nos dá a confirmação do estereótipo: é de fato um país chuvoso. Mas a regra inversa não funciona: um dia ensolarado na Inglaterra é, então, logicamente sem significado; não briga com a reputação do país. Nossos pensamentos comuns e diários não podem ser curados nesses casos, não cedem e provavelmente nunca cederão às sensíveis regras de Popper. Necessitamos de estereótipos porque, ponderando, somos melhores com eles intactos.

Cada país ou tribo cria estereótipos de seus vizinhos – e também de outros, tribos mais ou menos conhecidas. Tais estereótipos normalmente revelam uma metade de respeito e outra de desdém. Como exemplo, "sabemos" que os alemães são disciplinados e destituídos de senso de humor, que os ingleses são confiáveis, mas têm dificuldade em aceitar opiniões, que os poloneses são corajosos e desorganizados, que os judeus são inteligentes e sem tato, que os americanos são amigáveis e ingênuos, que os tchecos são trabalhadores, mas intolerantes e mesquinhos, e assim por diante. Nunca faltarão exemplos que confirmem o estereótipo, e exemplos em contrário não contam; os estereótipos são sempre seguramente protegidos. Quando nos deparamos com o oposto, temos sempre uma rede de proteção: "Ah, sim, sei que existem exceções...", "alguns de meus melhores amigos...".

A análise de estereótipos é útil não porque poderia acabar com eles ou desgastá-los; é de supor que não há força que consiga destruir modelos mentais fortemente enraizados. Tais imagens podem mudar apenas em circunstâncias que exijam uma outra figura que as substitua. Não convém avaliar se o extermínio dos judeus pelos hitleristas se pode explicar por estereótipos negativos dos judeus previamente existentes. Os hitleristas, de fato, rápida e eficazmente obtiveram e reforçaram esses estereótipos quando – como se demonstrou – os alemães necessitaram de um bode expiatório, sobre o qual poderiam jogar suas misérias; mas foram exatamente essas misérias e problemas que tornaram o programa nazista aceitável.

Os judeus, por estarem presentes em quase todos os países da Europa, estavam em uma posição peculiarmente "privilegiada": foram estereotipados em todos os lugares. Como a imagem do judeu mudava a cada lugar, de acordo com o local e as circunstâncias históricas, seria um tema para um estudo à parte. Entretanto, esses estereótipos com frequência (embora nem sempre) incluíam, ao lado de descrições depreciativas mais ou menos comuns em animosidades tribais, queixas potencialmente mortais, inclusive de assassinatos rituais. Entre a população camponesa, em particular, podiam-se encontrar histórias realmente surpreendentes: quando eu tinha dez anos, ouvi, de outro garoto, que os judeus não podem ver o sol; quando lhe perguntei por que, então, eles usam óculos de sol, o menino respondeu: eles estão fingindo (incrível, mas juro que é verdade).

Contudo, se deixarmos de lado assassinatos rituais e horrores semelhantes ou superstições comuns absurdas, pode-se dizer que as imagens estereotipadas de outras nações geralmente contêm uma semente de verdade. Quase sempre não são produtos diretos nem caprichosos da fantasia, tirados *ex nihilo*, mas, sim, de resultados de experiências, simplificados, cristalizados e bastante inflados. No final, aparece um fenômeno como o tal "caráter nacional" historicamente esculpido, mas que nunca é formado unicamente de virtudes. Embora, é óbvio, isso não possa ser atribuído aos indivíduos ("todo polonês é corajoso e desorganizado", "todo judeu é inteligente e sem tato"), é possível analisar esse caráter descrevendo os padrões do comportamento típico. Quase todas as nações nos deixaram nos escritos, na arte e nas piadas uma grande variedade pouco edificante de seus valores: o humor judeu e a literatura iídiche são um inexaurível tesouro de conhecimento sobre a imagem pouco elogiosa que os judeus têm de si mesmos; ao passo que as "falhas nacionais" polonesas foram por séculos o objetivo favorito dos escritores e jornalistas poloneses. A análise dos estereótipos nacionais, um ramo específico da antropologia social, pode ajudar bastante no entendimento dos "caracteres nacionais" – não porque os estereótipos nos forneçam imagens não distorcidas de outras nações e raças, o que certamente não fazem, mas porque, ao avaliar outros, nós automaticamente desencobrimos nossos próprios métodos de percepção e, assim, descobrimos nossos próprios vícios e virtudes. Em outras palavras, os estereótipos podem nos revelar mais sobre quem estereotipa as coisas do que sobre a própria coisa estereotipada. E, apesar de não se esperar que os estudos sobre os estereótipos façam com que desapareçam, eles podem ser de alguma serventia, pois conhecer como os outros nos veem nos dá uma melhor apreciação de nós mesmos, mesmo que pensemos (e geralmente pensamos) que essa visão é injusta. Podemos nos reconhecer por meio de um espelho que nos distorce (a caricatura só é boa quando lembra o original), mas essa própria distorção, pelo fato de mostrar de forma exagerada certas características do objeto, pode ser útil e contribuir para o entendimento de nós mesmos.

Atormentação

Bertrand Russell lembra que, quando jovem, chegou à seguinte conclusão: as pessoas sofrem de maneira tão terrível que melhor seria se se matasse a maior quantidade possível delas, de modo a diminuir, tanto quanto possível, o volume de sofrimento. Isso é literalmente coerente com a lógica do utilitarismo: menos sofrimento e, por definição, mais "felicidade". Outro utilitarista poderia responder: mentira, porque, se o balanço de "satisfações" e "tristezas" ficasse sistematicamente a favor deste segundo grupo, as pessoas matariam a si mesmas de maneira massiva, enquanto, na verdade, só algumas centenas cometeriam suicídio. Daí se vê que, em resumo, as pessoas têm mais prazer na vida que na "não vida". Eis uma resposta possível, embora incorreta, porque, afinal, não só ninguém faz esse tipo de cálculo, como fazê-lo é impossível – falta uma medida comum; porém, dizer que as pessoas intuitivamente avaliam que a morte é pior que o sofrimento do vivente, já que não acabam massivamente com a própria vida, é repetir a infértil tautologia dos utilitaristas:

as pessoas buscam o prazer e o prazer é aquilo que as pessoas buscam. Conforme um raciocínio saudável, o jovem Russell não estava em erro; caso se aposte (como queria Schopenhauer) que o prazer se determina pela ausência de sofrimento, então uma total ausência de sofrimento, resultante da destruição da humanidade, deveria ser celebrada (mas por quem?) como a melhor saída para as misérias humanas.

Em geral, porém, não queremos, e é difícil nos fazer concordar com essa conclusão, e não é porque ficamos calculando algo ("no final, o balanço é positivo"), mas é que, de modo instintivo, nós nos agarramos à vida e, embora não sejamos forçados a declará-lo abertamente, a presença da vida, e a vida das pessoas em particular, é igualada com o bem, e, da mesma forma, consideramos o mal aquilo que é contrário à vida: a morte e o sofrimento. Não se trata de nenhuma teoria, apenas de uma curiosidade da própria vida, que quer se manter e não pergunta "por quê?".

Desde quando as pessoas começaram a escrever seus pensamentos, não se perguntavam "para que a vida?", mas "para que o mal?"; queriam "explicar" tanto o mal moral quanto o sofrimento; não esclarecer com causas – algo frequentemente possível –, mas inseri-los dentro da organização objetiva do mundo. Para o naturalista, empirista, materialista, positivista, essas são perguntas tolas. Não se pode perguntar "para que o mal?" nem "de onde vem o mal?" (além dos esclarecimentos causais), porque tais perguntas estabelecem uma ordem objetiva, e, segundo os dogmas dessas doutrinas, não existe tal ordem e não pode havê-la; não existe também o "mal" nem o "bem" no sentido de propriedade que de fato serve às coisas e aos acontecimentos; são só prazeres e tristezas como estados psíquicos. À luz de todas essas doutrinas, o mundo não se torna mais meigo, mas mais simples, e até significativamente mais simples.

Mas estes, que continuam perguntando sem se assustar com as proibições filosóficas, não recebem boas respostas, e, ainda que as recebam, são tais que não podem convencer ninguém no que se refere a regras logicamente confiáveis. Porque, afinal, quase tudo o que se possa dizer sobre esse tema, e que os teólogos disseram por séculos, está contido no livro de Jó. Há pouco a adicionar, na verdade. O demônio, não só por concordância de Deus, mas também com base em um acordo claro feito com Ele, persegue Jó com todas as possíveis infelicidades e dores: todos os dez filhos mortos, toda a fortuna perdida, doenças dolorosas e terríveis – Jó está no limite da pobreza e da infelicidade, e ainda é exposto ao ridículo. E onde está Deus, clama ele – não está no oeste, nem do lado esquerdo nem do direito; onde está Deus, o protetor justo? Chegam pessoas muito inteligentes; hoje seriam professores comuns de teologia, mesmo porque falam bonito, de maneira elevada, dramática, envolvente; e lhe dizem nem mais nem menos: você é um pecador, o Senhor Deus o castigou. E ainda completam: ao devoto, Deus ajuda, dá-lhe toda a abundância, manda benefícios, e, aos maus, faz cair na infelicidade. Mas Jó grita que são terríveis mentiras: como é possível, afinal, todos sabem que os piores malfeitores vivem dias em abundância, felicidade e glória, e eu? Fui justo, ajudei aos pobres, não fiz mal a ninguém, e esse é o pagamento?

Mas o Senhor Deus interrompe. O Senhor Deus sabe – isso é dito de forma clara – que Jó foi um homem devoto e justo. Ele não o castiga; está testando sua lealdade em uma brincadeira com o demônio. E onde estava você, diz, quando eu construía a Terra? E enumera uma grande lista de temas dos quais Jó não pode saber e aos quais, para responder, não tem forças. Fala sobre o crocodilo, sobre a gazela, a avestruz, o gavião, a neve e as estrelas. Você é idiota e fraco, diz; não ensine ao Senhor e não se queixe.

Não, o Senhor Deus não castiga Jó; o Senhor Deus brinca com Jó. Em resumo, diz a ele: não banque o esperto, porque nada sabes. O Senhor Deus diz, inclusive, que os professores comuns de teologia não diziam a verdade, mas também não esclareciam no que consistia a mentira, então igualmente não sabemos.

Jó humilha-se perante Deus e, veja, parece que os professores comuns de teologia tinham razão, porque Deus lhe devolve todos os bens: é de novo rico, vive muito e feliz, e de novo tem dez filhos (mas Dostoiévski, não sem razão, pergunta: será que Jó pode esquecer os dez mortos? Como é isso: novas crianças chegam para o lugar das mortas e está tudo bem?).

O Livro de Jó, um trabalho repleto de sabedoria, um dos mais extraordinários que a humanidade criou, não nos explica, no final, o mal e o sofrimento, e só oferece um conselho: confiem em Deus, não perguntem, não levantem queixas para o céu, mesmo nas piores dificuldades.

E, com isso, chega-se ao verdadeiro ensinamento dos tradicionais seguidores da Teodiceia: não só não podemos arrancar todo o mal, mas, em cada caso específico, não sabemos esclarecê-lo segundo os objetivos de Deus, porque não conhecemos esses objetivos; podemos somente, e devemos, confiar que existe um objetivo, que ele é bom, e nos entregarmos à Providência. "Entregar a Deus os seus sofrimentos" é talvez o melhor conselho dado pelo cristianismo. Tal confiança ajudava os santos mártires a aguentar os maiores sofrimentos, ou os sete irmãos de Macabeu e sua mãe, cruelmente condenados à morte. Os místicos cristãos por vezes experimentavam sentimentos de que todo o mundo – com tudo o que sabemos sobre ele – é permeado por amor, e não faziam caso do sofrimento. Porém, não há muitos capazes desse feito.

Agora, e aqueles que, como pequenas crianças, às vezes sofrem muito e não conseguem nenhuma providência para acomodar sua dor? A eles só existe uma resposta coerente, em especial na teologia de Agostinho: uma criança que sai do colo da mãe já está nas garras do diabo e merece sem apelação o fogo eterno até que seja batizada, uma vez que herda o pecado capital não só como desvio da natureza, mas como uma culpa real, culpa pessoal. Todos os não batizados – a maioria do gênero humano – apressam-se em direção à terra dos sofrimentos eternos, bem como a maioria dos batizados.

Essa doutrina é, digamos, coerente, e tudo esclarece, mas descobriram nela, não sem razão, uma incrível crueldade de Deus. A Igreja a abandonou, mas livrou-se ao mesmo tempo do princípio esclarecedor: para Agostinho, não há inocentes, mas, caso se abandone a teoria, é preciso reconhecer que os inocentes sofrem sem explicação. E o que dizer, por exemplo, dos animais, que submetem uns aos outros ao sofrimento, mas neles não há culpa?

Os escritores cristãos não se ocuparam muito dessa última questão, e o melhor esclarecimento que se pode encontrar é, portanto, que o diabo estragou a ordem da natureza e forçou os animais à luta, a devorar uns aos outros e a machucar-se. Pode ser; mas como saber? O mundo dos animais é cheio de sofrimentos, para os quais não há resgate; pode-se apenas dizer que, em geral, eles são breves: pode ser que um peixinho devorado por um peixe maior sofra, mas, se sim, é só por um momento; será que uma minhoca cortada pela metade sofre? Isso eu não sei (ela tem um sistema nervoso bastante primitivo), mas, se sim, é também por um momento. Vou deixar de lado a questão dos camarões e das baratas.

Tormentos tais aos quais pessoas submeteram outras, nenhum animal passa. As pessoas também submetem animais a sofrimentos, e, embora seja certo exigir a diminuição deles, e, em relação aos que estão abaixo na escala evolutiva, não permitir crueldades, não existe forma de eliminar o sofrimento da natureza. A exigência de proibição de caçadas é tola: a raposa destroçada por cachorros provavelmente sofre por alguns segundos, mas, em outra circunstância, ou será estraçalhada por outros animais ou morrerá de fome, e é provável que o galo silvestre morto com chumbinho passe menos aflição do que ao ser bicado até a morte pelas companheiras aves, ou ao morrer de fome. Não há misericórdia na natureza não humana, e as pessoas pouco ou nada adicionam à sua inerente crueldade.

Leibniz resolveu com facilidade a questão: é uma resultante da bondade e sabedoria de Deus que o mundo contenha um mínimo de mal e um máximo de bem, como for logicamente possível, e o próprio Deus não pode mudar tal lógica. Então, todos os sofrimentos humanos são consequência da ordem da lógica? Ou será que devemos mudar a lógica? Leibniz foi um dos homens mais inteligentes do mundo, e só os mais tolos riam-se dele. Pode ser que tenha esclarecido a questão do sofrimento, mas esclarecer não detém o horror nem a revolta à vista do mar de sofrimentos. Poderia aparecer um novo Augusto, não cruel, para esclarecer o tema. Mas não aparecerá, e, ainda que aparecesse, não diminuiria a dor; apenas a explicaria, de uma forma ou de outra. Não se sabe se a melhor explicação possível ajudaria muito no exemplo (um em um milhão de exemplos) dos irmãos templários que imploravam para que os cozinhassem vivos ou os queimassem, porque a morte é rápida, mas aqueles tormentos a que eram submetidos pelos carrascos não podiam aguentar.

Quase toda a literatura, quase toda a poesia, quase toda a arte germinaram da dor das pessoas; no céu provavelmente não há nenhuma arte. Os fortes de espírito que meçam e comparem "perdas" e "ganhos".

O cristianismo prega o ensino da redenção e da vida eterna, mas nem a felicidade eterna apaga o sofrimento nesse caso. O conhecido filósofo de Cambridge, C. B. S. Broad, julgava que há vida após a morte, mas que não se deve buscar consolo nisso, porque o outro mundo é ainda pior que o nosso (algo que não escreveu de modo claro em seu trabalho, mas sobre o qual quem me falou a respeito foi o falecido Alfred Ayer).

Egoisticamente, fico feliz de não ter me tornado padre e de não ter a obrigação de explicar essas coisas a outras pessoas.

Terceira série

Introdução

O terceiro e último conjunto das minhas pequenas palestras foi, assim como os dois precedentes, preparado para ser televisionado pela Euromedia em Oxford e, após, visto na televisão. Agradeço a todos que tomaram parte neste empreendimento. As pequenas palestras foram, como antes, impressas depois de cada publicação na *Gazeta Wyborcza*. Assim como nos dois primeiros tomos, adicionei dois pequenos textos, que não apareceram na televisão, mas que, segundo me parece, combinam com o conjunto. Um deles, "A democracia é contrária à natureza", apareceu na coletânea *Idee a urzadzenie swiata spolecznego* [Ideias e a organização do mundo social], publicado em homenagem a um dos aniversários de Jerzy Szacki; o segundo, "Minhas profecias sobre o tema do futuro da religião e da filosofia", foi publicado no conjunto *Humanistyka przelomu wieków* [A humanística do ponto de transição dos séculos], sob a redação de Józef Kozielecki. Creio que é tudo.

Oxford, 8 de setembro 2000

Sobre as dívidas

Imaginemos que, certo dia, a humanidade decida levar a sério a proibição bíblica (e também do Corão) de emprestar dinheiro com juros e demonstrar sua obediência. O que aconteceria? Nesse dia deixariam de existir todos os bancos do mundo, todos os recursos financeiros, as caixas de empréstimos e de poupança, os fundos de aposentadoria, as sociedades de seguros; com isso, pararia de funcionar quase toda a produção industrial. O mundo entraria em um caos indescritível; começaria uma guerra de todos contra tudo, o fim da civilização. Embora ninguém goste de estar endividado, todos sabemos que a instituição do crédito é um fundamento da vida social e da administração em nosso mundo.

O credor, na verdade, vende tempo – este inclusive que corre entre a produção de algum bem e sua venda, entre a compra de algo e seu pagamento. Parece que, quando empresto dinheiro de alguém com o objetivo de devolvê-lo com juros, estou sendo otimista; tenho confiança no futuro, que será tão bom que me permitirá pagar o credor e, com a porcentagem, compensá-lo pelo favor. Da mesma forma, o credor também deve ser otimista, já que confia que a dívida será paga com um adicional. Como toda produção e troca nas sociedades desenvolvidas é movida pelo sistema de crédito e quase todos participam desse sistema, deve-se concluir que praticamente todos têm uma visão otimista do mundo. Não sei se existem outros argumentos em defesa de uma hipótese tão ousada.

Não participar do ciclo de crédito é particularmente difícil (mesmo que descartemos a passagem de tempo entre o meu uso de equipamentos elétricos a gás e o pagamento dos serviços, o que não deixa de ser uma forma de empréstimo). Ainda que não tenha dívidas pessoais, pago impostos, e uma parte deles vai para o serviço das dívidas do país, e, se mantenho dinheiro no banco, que o movimenta, sou credor e benfeitor desse banco. Neste último caso, meu interesse classista se baseia no fato de que eu obtenha o mais alto nível de porcentagem do país, o que é contrário aos interesses da maioria, que paga dívidas de moradia ou de outras coisas.

Nos países do Oeste obtém-se crédito com facilidade. Todos são sempre tentados por inúmeras instituições, que lhes propõem desde produtos atrativos parcelados até novos cartões de crédito úteis em particular, ou as assim chamadas oportunidades de investimento. Há algum tempo correu no mercado londrino a notícia de que um casal pediu, de brincadeira, um cartão de crédito para a filhinha de três anos – fornecendo a verdadeira data de nascimento. A pequena senhorita logo ganhou o cartão de uma instituição de crédito confiável.

Claro que as dívidas são sujeitas a todas as regras gerais dos contratos civis, mas têm, ou pelo menos tinham até pouco tempo, o próprio e especial lado moral. Até pouco tempo havia – não sei se ainda existe em algum lugar – uma categoria específica de "dívidas de honra", ou seja, aquelas que, quando não pagas, retiram a honra do devedor; a ela pertenciam as dívidas incorridas em jogo de cartas, provavelmente porque não se podiam executá-las por força de um acordo escrito, de modo que era necessário inventar uma ferramenta moral para forçar o pagamento, e o medo da desonra era a ferramenta. Mas, na moralidade burguesa, a ameaça da desonra vai mais além: ficava desonrado quem entrasse em falência, embora sem culpa pessoal; ficava não só material, mas moralmente arruinado, e, falando de modo estrito, deveria cometer suicídio. Aparentemente, ainda existe essa regra no Japão, mas em outros lugares, caso suicídios aconteçam em razão de falências, é quase certo que se devem ao desespero pela imagem da ruína financeira e do negro futuro, e não por causa da perda da honra.

As virtudes burguesas estão desaparecendo do nosso mundo, cheio de gangsterismo e corrupção política (na qual as dívidas também devem ser executadas, só que de outra forma); pode-se definir que aquele que foi declarado falido, mas ainda tem recursos de monta escondidos, os aproveitará, preocupando-se somente em não ser apanhado, sem se importar que a falência o tenha coberto de desonra. Em geral, pagamos as dívidas porque certa estabilidade de vida é necessária, para que não nos chamem em juízo, nos persigam os meirinhos etc., mas, seguramente, poucos têm um forte sentimento de que se trata de uma questão moral. Um imposto, se não for pago a tempo, será também uma dívida do ponto de vista do país, mas uma forte certeza moral de que não se pode enganar em relação a impostos não é tão ampla; o nível de identificação com o país seguramente diminui de maneira significativa. Para isso contribui a mídia, por meio da qual ficamos todos sabendo quantos bilhões (do dinheiro dos impostos) são desperdiçados sem rastro pela despreocupação e incompetência dos funcionários, e também quantos bilhões mais as instituições financeiras multinacionais queimam ao fazer enormes empréstimos a países do Terceiro Mundo, onde são roubados num piscar de olhos pelas panelinhas governamentais; os empréstimos, porém, continuam sendo feitos, seja pela falta de controle da parte dos credores, seja por razões políticas, as quais não são indiscutíveis e/ou objetivas. É difícil que o pagador de impostos, quando lê sobre o assunto, não sinta uma raiva impotente.

O pagador de impostos sabe também que a classe de pessoas com os maiores e mais impressionantes rendimentos é composta, na maioria, não por aqueles que produzem algo e vendem produtos reais, mas por quem "trabalha com o dinheiro", aqueles para os quais o próprio dinheiro é o produto. Para a maioria de nós, que não conhece a arte das aplicações financeiras nem saberia como começar por falta de recursos, essa forma de ganhar dinheiro, embora tenha surgido de modo natural internacionalmente, carrega em si algo especial e inquietantemente impróprio. Conforme a técnica atual de entrada de capitais e sua acumulação, não existe forma para mudar o sistema, embora sua presença contribua para o sentimento de impotência das pessoas pobres. Tanto as instituições financeiras quanto o país parecem, para a maioria de nós, gigantes anônimos, leviatãs sem nome, que, apesar disso, têm poder sobre nós. Era diferente quando um lorde rico morava no palácio, e o camponês, numa rudimentar choupana; tal acontecimento raramente provocava rebeliões, mas o lorde pelo menos era uma pessoa visível e definida.

Então, se não existem razões, pelo menos há causas, como consequência das quais, no tema de pagamento de dívidas, o tema moral foi enfraquecido de modo flagrante.

Mas existe ainda outro tema moral ligado às dívidas. Em vários países do Terceiro Mundo há sempre a questão da escravidão, não a escrita na lei, mas a verdadeiramente real, e os pobres que não podem pagar as dívidas – não feitas sem preocupação, mas sim para sobreviver – submetem-se a uma verdadeira escravidão, ou entregam suas crianças a ela. Enquanto esses costumes vergonhosos e monstruosos – segundo os costumes atuais – não forem radicalmente eliminados, não deveríamos dormir sossegados.

Será que temos alguma regra que define por quanto tempo as dívidas não pagas permanecem dívidas e quando, de uma vez, deveriam cair no esquecimento? Não sei se existe alguma lei clara que resolva a questão; será que se deve estabelecer que uma dívida permaneça como dívida por tempo indefinido? Suponhamos que eu pudesse provar – isso é bastante difícil, mas não é em absoluto impossível – que uma pessoa, do qual sou herdeiro, emprestou a uma outra o equivalente a dez dólares com juros de 10% ao ano, há dois mil anos, e que se pode encontrar alguém que seja o herdeiro do devedor. O que seria devido a mim, seguramente, é maior que o rendimento bruto de todos os países do mundo. Então se deveria considerar que, depois de certo tempo, as dívidas perdem a validade. O tradicional direito à propriedade não deveria responsabilizar as pessoas sem que haja limites.

Falamos também de dívidas no sentido figurado, quer dizer, a bondade que as pessoas fazem umas para as outras, e, como consequência, quem recebeu o favor fica com uma dívida de gratidão, não escrita em nenhum acordo, mas, de alguma forma, bem real. Creio que temos razão, considerando que seja algo repreensível não demonstrar gratidão às pessoas que nos fizeram bem, mesmo que dentro de seu dever (o médico que me curou de uma doença ou salvou minha vida: devo-lhe gratidão, embora o tenha feito por ser essa a sua profissão; mas não devo ficar satisfeito com o comentário: "afinal, eu o pago por isso"). Imagino, todavia, que as questões humanas estariam melhores, e a vida comunitária seria mais tolerável, caso tivéssemos confiança em que é necessário mostrar gratidão àqueles que nos fizeram algum bem, mesmo que pequeno; caso educássemos nossas crianças dentro desse espírito, ensinando-as que a demonstração de gratidão não afronta nem diminui ninguém. Colocaríamos, assim, uma barreira ao movimento malévolo do mundo no sentido da burocratização total, isto é, um arranjo tal em que todos os relacionamentos entre as pessoas são regulados pelo direito – e vemos que relações de direito existem cada vez mais; podem até nos tirar o fôlego, mas já não temos a impressão de que nos são necessárias as mais simples relações pessoais: amizade, amor, ajuda desinteressada, gratidão. Por enquanto, parece que o pagamento por bondade é com frequência o ódio – porque outras pessoas fizeram algo que nós deveríamos ter feito e não fizemos; dessa maneira, merecem nossa raiva, pois imaginamos que, se têm direito à nossa gratidão, é porque nos fizeram devedores, e isso nos humilha. Mas não é assim: estritamente falando, ninguém tem direito à gratidão (se fez algo bom por vontade própria, é porque era bom, e não na expectativa de um prêmio); ser grato não significa postar-se em posição de pedinte – ao contrário, eis aqui a confirmação da comunhão do destino humano.

Portanto, regras que controlam dívidas monetárias são completamente diferentes das que se referem às dívidas morais.

Sobre o perdão

Vamos diferenciar o perdão estabelecido burocrática, psicológica e metafisicamente. O perdão burocrático é um ato por força do qual alguns órgãos públicos – o país, o tribunal, os procuradores – desistem da aplicação de uma retaliação decidida por lei em relação a alguém, que a merece. Em poucas palavras, é uma anistia, o perdão do castigo. Anistias em massa, que aconteciam em países de socialismo real, e embora, é claro, alegrassem os presos, eram, na realidade, uma demonstração de má lei e ordem; mostravam que o governo não levava totalmente a sério a própria legislação. Eram atos de motivação política e é difícil chamá-los de perdão no sentido psicológico: definiam-se pela regra – quais categorias de presos, quais parágrafos do código dos condenados ou ainda quantos anos teriam de prisão que poderiam ter a descontinuação total ou parcial da pena. Descontinuações individuais, por exemplo, por bom comportamento na prisão, também pertencem à classe do perdão burocrático: a lei decide segundo quais regras se pode perdoar parte da pena, e aqueles que decidem fazem-no de acordo com essas regras, sem necessidade de envolvimento pessoal.

Algo bem diferente é o perdão como ato que amarra psicologicamente, como uma decisão pessoal. Alguém me causou algum dano, mas eu o perdoo – logo ou depois de algum tempo –, o que significa: não só deixo de lado a ideia de vingança, supondo que seja possível retaliar o culpado, mas, como não sinto mais rancor dele, não quero lhe fazer mal, não o persigo com maldições, não o ameaço etc.

Pode parecer que o perdão nesse sentido não seja algo que eu possa decidir com liberdade; que não consiga com um ato de vontade deixar de sentir rancor de alguém que me fez mal; que, se esse rancor passa, passa por razões sobre as quais não tenho poder. Mas isso deve ser só parcialmente verdadeiro, e depende das circunstâncias. Caso alguém me tenha causado um dano ou sofrimento, sem querer ou por não saber, e, se não for um grande dano, o perdão pode nos chegar sem grande dificuldade, mas mesmo nesse caso não é o que parece, um ato de vontade: alguém sem querer me empurrou; caso diga "desculpe", é fácil eu dizer: "mas não aconteceu nada". Caso eu perceba que não quer dizer "desculpe", então posso ficar zangado.

Se for de fato assim, que tal ato de deixar de lado o rancor não dependa realmente de nossa vontade, os apelos cristãos para perdoar outras pessoas não fariam sentido; mandariam-nos impedir algo que acontece por força da ordem da natureza, sobre a qual não temos poder; da mesma forma que não podemos obrigar a neve a cair, também não podemos – de acordo com o raciocínio – forçar nossa alma a se livrar do sentimento de rancor e má vontade para com o culpado.

Na verdade, se levamos a sério os mandamentos de Cristo – temos, afinal, até 70 vezes 7 para perdoar, ou seja, quase um número sem-fim, e mais ainda se o culpado estiver arrependido de sua ação –, é claro que eles visam não exatamente à desistência da retaliação, mas ao perdão como o próprio estado espiritual. Na verdade, não é possível dizer que esse estado possa ser invocado a qualquer momento, por meio de um movimento consciente, mas com certeza pode-se apoiar a alma para consegui-lo. Segundo Jesus, temos de rezar pelos inimigos; devemos dizer como Ele na cruz: "Pai, perdoe-os, porque não sabem o que fazem", e, ainda que poucos possam se congratular por possuir a prontidão de Cristo para perdoar, ainda assim o esforço do perdão está em nosso poder, e pode ser que exista o apoio dessa força verdadeira da consciência que perdoa.

Somente o perdão psicologicamente enraizado é verdadeiro. A própria declaração "eu perdoo" não precisa ser verdadeira; pode ser um cumprimento mecânico da ordem do próprio comportamento, sem apoio da alma e, portanto, sem verdade.

Certamente não podemos perdoar em nome de outro, ou seja, não temos o direito de declarar a malfeitores, assassinos e carrascos que seus crimes, perpetrados a outras pessoas, já mortas, serão perdoados. Seria uma horrível apropriação do direito dos ofendidos. Podemos perdoar apenas em nosso nome; aquilo que fizeram de mal contra nós. Porém, podemos perdoar, creio, o mal que testemunhamos a outros, próximos a nós, que sofreram danos, mas, em tal caso, perdoamos apenas os nossos danos; não se inclui aí o perdão pelos danos ao próximo. Lembramos um momento famoso, quando bispos poloneses se voltaram para os alemães com a seguinte mensagem: perdoamos e pedimos perdão. A ira dos governantes da PRL [Polônia] chegava aos céus: eles queriam aproveitar a mensagem, desmascarando-a como um ato político com o seguinte objetivo: "então os bispos poloneses declararam que não somente o crime cometido pelos hitleristas sobre a nossa nação não é significativo, que não há o que dizer sobre ele, mas que ainda nós, os poloneses, temos de pedir perdão por crimes que não conhecemos". Claro que era uma ira sem sentido, mas não foi fingida: os governantes não conseguiram imaginar que a Igreja pudesse ter outras ideias em mente, não só especificamente políticas. A carta, nesse sentido, foi um ato político que abriu um processo de reinício – bastante necessário para ambos os países após os horrores da guerra e da ocupação – de relações de vizinhança entre a Polônia e os países alemães. A declaração "pedimos perdão" não queria em absoluto dizer que, tendo contado os danos dos dois lados, eles eram equivalentes; não, não houve nenhum cálculo, mas, da perspectiva cristã, não há um dia em que não precisemos, em que cada um de nós não precise de perdão; somos pecadores por natureza, e, caso não perdoemos aqueles que nos feriram, nossas orações pelo perdão dos pecados não serão elevadas como devem ser – "de verdade e na alma".

Essa parte da mensagem de Jesus é talvez a mais contrária à natureza humana, e é pensada para ser assim. O desejo de retaliação é natural; a desistência, de boa vontade, é contrária aos nossos instintos. Em várias civilizações arcaicas, a vingança não só era permitida como obrigatória. Alguém matou meu irmão; agora é minha responsabilidade matar o assassino – caso contrário, serei considerado um covarde, uma pessoa sem honra. O direito de vendeta é para nós compreensível e até familiar; alguns literatos chegaram a defendê-lo como demonstração do sentimento de justiça do povo e da necessidade de justiça, mas uma justiça diferente da que deve estar no direito civil, segundo o qual os ofendidos não decidem a pena; quem a decide são parágrafos anônimos, resumos.

O direito de vingança executado pelos ofendidos tem também uma boa base em alguns livros do Velho Testamento. Hoje poucas pessoas se entusiasmam com a ideia da vendeta, não somente porque nos acostumamos com o pensamento de que pessoas particulares não devem estabelecer penas para outras, de que ninguém deve ser parte, juiz, acusador e carrasco ao mesmo tempo, mas também porque, pela natureza do tema, em que a retaliação particular age, retaliação por retaliação podem se estender ao infinito, e nunca vai haver justiça suficiente – em qualquer momento, alguém ainda vai ter o direito e a obrigação da vingança. Além disso, os conhecidos direitos de retaliação estão menos para tradições nobres de tribos montanhesas nobres e mais para acertos de gângsteres, sobre os quais lemos todos os dias nos jornais. Porém, repetimos, o direito de vendeta nos é familiar e compreensível, e cada um talvez de vez em quando experimente o sentimento de que estaria pronto, em certas situações, a participar dele, embora seja proibido; paciência, temos de viver dentro do direito, ainda que ele nos seja às vezes bastante incômodo. E, caso a vendeta tenha a tendência de continuar até o infinito, é muito mais perigosa e maléfica quando não se trata de acertos entre indivíduos, famílias ou pequenos grupos, mas quando é entre nações e tribos. Um acordo baseado na vendeta é um acordo que assegura uma guerra eterna de quase todas as nações e tribos vizinhas entre si, porque todas acham que têm contas e danos antigos não resolvidos. Não é necessário retomar o que vimos nestes últimos cem anos.

Além do perdão verdadeiro, ou seja, com base espiritual, e do perdão burocrático, existe ainda o perdão no sentido metafísico e religioso da palavra, ou seja, a exclusão do pecado. Tanto na cultura cristã quanto na judia, excluir um pecado dos registros celestes, ou o esquecimento metafísico, é um privilégio exclusivo de Deus. A discussão sobre o tema pertencia, como sabemos, às fogueiras da Grande Reforma em conjunto com a venda de indulgências e, em geral, a instituição das confissões e absolvições, mas a eficácia da absolvição na Igreja romana não pode ser resolvida de modo mecânico, apenas com a palavra do confessor; é necessário um verdadeiro arrependimento do pecador, uma penitência aceita de boa vontade – assim, pelo menos, é o que diz a regra, embora as histórias de confessores frívolos, despreocupados e venais sejam bastante numerosas. O pecador pode contar com uma confissão em seu leito de morte, e, em um momento, todas as pequenezas passadas sumirão como fumaça, quando ele entrará, feliz da vida e imediatamente, no paraíso; porém, existe na Igreja a máxima: o remorso de quem vai morrer em um minuto também morre em seguida (sem contar o fato de que nunca teremos certeza de que alcançaremos a confissão no leito de morte). Nunca também poderemos ter a certeza de que o assunto foi resolvido e nossos pecados, excluídos. A misericórdia de Deus, dizem-nos, é infinita, mas seria bom que o pecador ajudasse o Senhor Deus. "Que Deus te perdoe como eu te perdoo", diz o Tartufo de Molière, mas tais palavras provêm de um hipócrita insolente, que dá a entender que sua magnanimidade é maior que a divina.

Existe, entretanto, um lado misterioso no fato de a teologia falar de perdão e misericórdia divinos deixando de lado as diferenças que aparecem sobre o tema entre os Cinco Livros e o Evangelho. Para o pecador, que espera o prêmio celeste, o perdão significa apenas perdoar as penas do purgatório ou do inferno. Mas imaginamos que haja algo mais aqui: a exclusão do pecado simboliza como que sua destruição, ou seja, uma volta metafísica, uma mudança na história do mundo; simboliza o "desacontecimento" de algo que aconteceu. Será que podemos imaginar isso? Será que se pode imaginar que quando, em algum momento, o Senhor Deus aceite sob seu teto o próprio Stálin, os crimes dele se desfarão? Nesse caso, todos os outros habitantes do Reino supostamente esqueceriam esses crimes, ou assim pelo menos parece. Será, então, que o perdão divino se dá por meio de uma estranha violência sobre a memória humana? Não conheço a resposta a essa pergunta. Que os teólogos a esclareçam.

Sobre os recordes

Rimos às vezes de recordes esportivos; parece-nos que deve ter perdido o juízo, ou nunca tê-lo tido, aquele que põe um enorme esforço nos treinamentos, em cujo resultado pode obter, quem sabe, dois centésimos de segundo na corrida de cem metros, ou aumentar dois centímetros no salto de altura; e também aquele que se entusiasma enormemente com o assunto e, ao sair o recorde, toma-o como um ato extraordinário. Mas esses riscos serão inteligentes?

O competidor, é evidente, quer se destacar (e ganhar muito, direta ou indiretamente); quer ser melhor que os outros nesses dois centésimos de segundo. O desejo de se destacar é uma característica arqui-humana, e não há razão para julgar como vaidade vã o caso desse atleta e não fazê-lo no caso de um físico famoso, que se esforça na solução de determinado problema difícil, até hoje sem solução; não só o desejo da verdade o guia como também o de ser melhor, o desejo de um mérito especial, que será reconhecido no mundo. O mesmo se aplica ao artista que quer criar uma boa peça, mas também deseja o aplauso público.

Alguém poderia considerar o seguinte ponto: o físico, quando resolve um problema, faz algo que traz utilidade à humanidade e conta como conquista durável, mas que vantagem tem a humanidade com aqueles dois centésimos de segundo a menos? Ora, será que o físico mencionado traz algum benefício além de acalmar a curiosidade intelectual dos colegas (porque os outros, na maioria, não têm condição de entender)? Eis algo que não se pode saber de início: são questões cosmológicas, sobre as quais pode ser que haja alguma vantagem, e pode ser que não. Mas só a satisfação da curiosidade já é um benefício; da mesma forma, dão-se ao trabalho os egiptólogos a respeito de alguns problemas de cronologia das antigas dinastias no Egito, e os historiadores da filosofia, sobre a identificação do autor de certos textos antigos. O "benefício" – não deveria na verdade haver essa discussão – nos traz não só o que se pode comer ou com que se vestir; a curiosidade desinteressada guiou a mente humana, imaginamos, desde o princípio da existência de nossa espécie, e sem ela seguramente nunca teríamos descido das árvores.

Sim – diria aquele não convencido –, mas o corredor, com esses dois centésimos de segundo, não vai resolver nenhum problema. Pode ser que não, mas nos mostra algo: que as pessoas podem ser capazes, pagando o preço de um grande esforço, de uma constante superação de limites da condição física; que podem mais e mais. Certamente não até o infinito: não esperamos que alguém, um dia, vá correr cem metros em um quarto de segundo, ou que salte 15 metros, é verdade, mas os limites nunca são estabelecidos desde o início, e a necessidade de superá-los, vamos reconhecer, é uma ambição nobre.

Eu deveria, nesta ocasião, esclarecer quais são as minhas competências em temas de esporte e a minha participação nesse campo da cultura. Minhas competências se baseiam no fato de que, a cada quatro anos, olho pela televisão algumas

– mas somente algumas – competições de atletismo nos Jogos Olímpicos; às vezes, embora não com frequência, tênis em Wimbledon (também pela televisão); e em outras ainda boxe, que percebo como um esporte nobre e desafiador, e sem dúvida não apenas como uma rixa simplória. Não consegui, após muitos anos nos Estados Unidos, aprender o que é beisebol, e, quando me ensinavam um pouco no estádio, eu esquecia logo, de modo que cada menino americano de cinco anos sabe muito mais sobre o tema. Às vezes me dizem: "Se não entende beisebol, então não entende os Estados Unidos"; de certo, eu nunca quis entender os Estados Unidos. Da mesma maneira, depois de muitos anos morando nas Ilhas Britânicas, não sei bem o que é o críquete, embora quase todos os dias apareçam reportagens sobre jogos nos jornais televisivos. Menciono isso para destacar que pertenço a uma classe de pessoas para a qual seria natural não só a indiferença com relação a certos esportes competitivos, mas também um completo desdém para com essa área da vida, ou seja, como se fosse uma morada em uma pequena ilha cultural retirada da vida normal. Mas não: procuro, pelo menos de forma abstrata, valorizar o esporte, embora nunca na vida tenha praticado algum.

Então, voltando aos dois centésimos de segundo, é óbvio que a ambição do atleta pode se dar somente graças às circunstâncias culturais, isto é, graças inclusive ao fato de que a conquista será notada no mundo, valorizada e elogiada por milhões de pessoas. Portanto, não é o atleta que tem a responsabilidade pela motivação ao esforço, mas realmente são os milhões de torcedores.

Os recordes, como sabemos, não existem só nos esportes; além do mais, existem os que, embora desejados pelos recordistas, nunca terão esses milhões de torcedores. Quando olhamos o Livro de Recordes do Guinness, impressiona-nos sem dúvida a grande concorrência de recordes curiosamente absurdos: alguém que recitou um monólogo de Hamlet mais rápido, um casal que, aos olhos de uma comissão, teve o beijo mais longo, ou aquele que ficou sobre um pé por mais tempo (e não foi Simão Estilita); outro que corria mais rápido por escadas, ou aquele que coletou a maior quantidade de bilhetes de ônibus usados, ou que comeu mais salsichas em 15 minutos, ou que tem a barba mais comprida ou o maior número de cartões de crédito, ou ainda aquele que barbeou mais pessoas em uma hora. E o que dizer daquele que se lembra do "pi", com milhões de números?

Tudo isso, repito, são recordes pretendidos: alguns dos recordistas não podem contar com a publicidade em âmbito mundial, mas alegram-se mesmo com uma pequena, e muitos há desses cuja ambição, depois de um grande esforço, é entrar para o Livro do Guinness e, assim, ter o nome em companhia dos mais estranhos e inúteis. Esses recordes não têm, em absoluto, os mesmos apelos que os esportivos; não beneficiam ninguém e não têm nenhum objetivo, exceto ser o melhor...

É óbvio que existem recordes na técnica e na educação, algumas vezes avaliados como recordes, e outras, não: a menor temperatura criada em um laboratório, a maior estação de trens. Em muitas circunstâncias, os recordes não são medidos como tais, mas acontecem por acaso: um teorema matemático que esperou mais tempo para ser comprovado (aqui a referência é ao último teorema de Fermat), um papa que ficou menos tempo na Santa Sé e outro que ficou mais, a mais curta peça teatral (de Beckett, desnecessário dizer), a garrafa de vinho mais cara, a mulher que passou pelo maior número de operações plásticas, o corcunda que viveu mais tempo, o enterro do qual participou mais gente, o maior número de vítimas em um acidente ferroviário.

Também podemos notar alguns recordes da natureza, efetuados sem nenhuma participação humana: a mais alta temperatura percebida na Terra, o menor pássaro e a maior lagartixa, a cobra mais venenosa.

Embora tenhamos mencionado as diferenças entre os vários tipos de recordes – pretendidos ou não, acontecendo no mundo dos homens ou na natureza, trazendo algum benefício ou totalmente sem sentido –, eles são evidentes, de modo que o simples fato de os termos juntado sob a mesma concepção de recordes, e a constatação de que algo como um livro de recordes é possível, faz-nos pensar. Por que extremos de todo tipo nos chamam a atenção? Por que temos de nos interessar por eles? De onde vem a surpresa com os extremos, os quais provavelmente não poupam ninguém? O que faz com que nos detenhamos para ver a notícia de onde vive a maior lagartixa e sobre quem comeu mais salsichas?

Certamente a civilização das últimas décadas, com o massivo movimento de pessoas, produtos, capitais, pensamentos, modas, com o gigantesco aumento da informação acessível em todos os lugares, deve ter elevado a questão dos recordes a um patamar antes desconhecido de entusiasmo, e também introduzido maneiras novas e bastante generalizadas de ilegalidades. Aqueles que conhecem os assuntos do esporte nos contam sobre os níveis excepcionais de corrupção, que envenenaram e envenenam toda essa área da vida, e cada vez mais retiram o sentido dos recordes. As primeiras Olimpíadas modernas parecem moderadas e sérias em comparação com a estridência gigantesca e os astronômicos recursos que circulam em torno dos empreendimentos de hoje, nos quais há cada vez mais concorrência, cada vez mais meios estimulantes proibidos – e cada vez mais criatividade para enganar quem os controla –, cada vez mais dinheiro e cada vez mais barulho naquelas, valha-me Deus, exigências ditas "amadoras".

É verdade que várias formas de competição esportiva, algumas vezes bastante perigosas, como as lutas de gladiadores – conhecidas da história mais antiga e ocorridas em vários pontos do mundo –, eram aclamadas por um grande poeta grego e com frequência tinham um sentido religioso. A própria competição não é obviamente humana em particular, mas, com os animais, é sempre uma luta por uma vitória específica no mundo, onde sempre existe pouco de algo: fêmeas, alimentos, defesa do território.

A paixão pelos recordes, porém, é humana, da mesma forma que o interesse pelos extremos. E, apesar de a corrida pelos recordes ser insuflada pelo desejo de mostrar que se é melhor que outros, para se destacar, autoafirmar a arrogância e alimentar a vaidade, deve-se dizer que existe nessa paixão uma "segunda intenção".

Pode ser que na paixão por recordes e pela curiosidade por extremos se esconda alguma raiz metafísica: a necessidade de extrapolar o que se é, expressa de forma estranha, às vezes beirando o grotesco e o absurdo, como tudo que é humano, mau ou bom – uma esperança de infinitude.

Sobre possuir a si mesmo

Será que podemos dizer que cada um de nós é proprietário (a) de si mesmo? O que significa essa frase? A propriedade, como todos sabem, não é uma relação metafísica entre a pessoa e a coisa, mas uma relação social, e, mais estritamente, um conjunto de regras ligadas ao uso de bens pelas pessoas. A instituição da propriedade existe por referência à lei; no hipotético "estado da natureza", no qual não existe o direito estabelecido, não existe também a propriedade, embora possa existir a concorrência por vários bens. Porém, não existe a propriedade, já que possuir qualquer coisa no mundo humano significa a propriedade legal; não basta que haja uma competição pelo acesso a algumas riquezas, proteção daquilo que é "meu", e a disputa na qual o mais forte ganha. Por isso é necessário que haja uma instância de poder para dizer, em caso de disputa, quem tem razão, e então, por exemplo, que alguém é "de verdade" dono de um pedaço de terra ou de certo cavalo. E, embora haja um enorme número de coisas obtidas pela força ou ilegalmente, ainda assim se considera a propriedade algo obtido de modo legal, uma propriedade sustentada pela força da lei, e não apenas pela força.

Então, o que quer dizer "possuir a si mesmo"? Em primeiro lugar, trata-se de uma confirmação de que não posso ser propriedade de outra pessoa. Desde quando acabou a escravidão, e lá onde acabou, a lei não permite que quem quer que seja torne-se proprietário de uma pessoa; a pessoa, portanto, é separada da questão de propriedade e ocupa uma posição incomparável no mundo; tudo fora isso pode ser possuído. Da mesma forma que não podemos ter escravos, não somos donos dos filhos, e os homens não são donos das esposas (ou o contrário), embora, em alguns países, tenham se preservado as velhas instituições nesses assuntos.

Deixo de lado tudo o que vem de antigas e complicadas teorias, que cresceram ao lado do tema propriedade e seus derivados do passado – temas relacionados a herança, impostos, confisco etc. Pode-se apenas notar que há séculos a propriedade privada, individual, se não servia para a condenação, pelo menos tinha uma aura de instituição de poucos méritos, que combinava mal com o mundo ideal, ainda que se reconhecesse que, em um mundo assim, como é, não se pode passar sem ela. De fato, a própria instituição do proprietário determina (pelo menos no sentido mais direto, já que hoje há tantas formas de propriedade que não se pode dizer isso sem limitações) a exclusão de todas as outras pessoas possuírem coisas que possuo, mesmo que eu estiver pronto a dispor de meus bens a outros; de maneira literal, quando dou uma moeda a um mendigo, posso fazê-lo porque sou o único dono, porque a lei me permite dispor dessa moeda para o que eu quiser, inclusive para atos humanitários, se me sinto generoso ou misericordioso. Se estou comendo uma batata que comprei legalmente, ninguém mais a comerá.

Os pais da Igreja costumavam dizer que a propriedade é um mal necessário, uma triste consequência do pecado primordial. Então se conclui que a humanidade no paraíso vivia sem propriedade, no comunismo, e, embora não devesse ser difícil, já que, conforme o mandamento bíblico, a população era pequena, quando aumentasse continuaria aproveitando a felicidade da ordem comunista: todas as necessidades humanas seriam atendidas, mesmo sem se saber a extensão delas. Sabemos também que os discípulos de Jesus estabeleceram o comunismo e tinham tudo em comum – desta vez, por certo, não porque houvesse abundância de tudo, como no paraíso, mas porque se satisfaziam com pouco e haviam decidido dividir a pobreza entre si; dessa maneira, ninguém queria alimentar-se à custa de outros nem se apropriar do que não tinham. Várias vezes surgiram incentivos morais semelhantes em histórias, não necessariamente em apoio a mandamentos do Novo Testamento; é conveniente trazer aqui o aviso de Rousseau, de que a perdição da humanidade é o esquecimento, já que a terra é de ninguém e seus frutos pertencem a todos (mas ele também sabia que voltar a essa nobre ordem era impossível); ainda convém lembrar o igualmente famoso aforismo de Proudhon: "propriedade é roubo" – não obstante o aforismo tenha sido ridicularizado por Marx ao dizer que, afinal, o ato de roubar já implica a existência da propriedade. É verdade; o aforismo, tomado literalmente, é tolo, mas aqui o que se tinha em mente era o ato moral de criticar a propriedade. Comendo minha própria batata, roubo-a de outros. O verdadeiro compartilhamento de bens somente é possível quando existe boa vontade, e para isso são necessárias qualidades morais específicas dos participantes. De outra forma, o compartilhamento de bens significa o mesmo que um campo de concentração.

Tendo dito isso sobre a moral não muito confiável da propriedade e o fato de que viver sem ela no mundo real é impossível, podemos voltar à pergunta que importa: somos, cada um por si só, possuidores de nós mesmos?

Se sou legalmente o único dono de certa coisa, posso fazer o que quiser, conforme me parece: posso destruí-la – por capricho ou algum princípio – ou danificá-la, ou vendê-la ou dá-la a outro.

No entanto, nesse caso, a lei impõe limites à minha liberdade: não posso, por exemplo, usar uma faca minha para matar um vizinho; não posso destruir algo meu de forma ameaçadora a outras pessoas (por exemplo, explodir minha casa); em vários países, também não me é possível, por razões puramente morais, maltratar meus animais; não posso nem mudar a aparência de minha casa sem a permissão das autoridades municipais (a casa é minha propriedade, mas sua imagem parece ser propriedade pública), e, ao construí-la, preciso seguir certas regras de segurança. Quantas limitações o país coloca sobre os possuidores de dinheiro, ações e vários papéis de valor – é melhor não lembrar. Pela legislação atual, ter a propriedade de algo não garante, pois, uma liberdade absoluta, mas sem legislação não existe propriedade.

Afinal, tenho ou não a liberdade de dispor de mim mesmo e até que ponto? – tal é a pergunta. Segundo a tradição cristã, não é permitido a ninguém cometer o suicídio, já que a decisão da hora da morte pertence a Deus; nisso, negar a Deus em uma questão tão importante era pecado mortal, e, segundo o direito canônico, os suicidas não podem ser enterrados em terra santa. Na Grã-Bretanha do início dos anos 60 do século XX, o suicídio era – teoricamente – punido (quer dizer, o suicídio fracassado), embora na prática não se executasse essa possibilidade; no final do século XIX, o patrimônio do suicida era, como penalidade, confiscado pelo país. Mas não se explicava isso exatamente com estas palavras específicas: Deus é o dono do homem. Deus, entretanto, é onipotente, e o suicida toma para si alguns privilégios divinos. Hoje a Igreja suavizou as regras: conforme o último dogma, o suicida está nas mãos de Deus, que o pode salvar; não existe para ele um caminho automático para o inferno. Na verdade, o suicídio é, às vezes, uma consequência de situações tão horríveis, que uma crítica direta do suicida fere nossos sentimentos morais elementares: caso o conspirador de uma boa causa, após a prisão, tenha medo de que não resista às torturas e se mate para não trair os companheiros, aquela pessoa fervorosa que, do alto de seu conhecimento, o joga no inferno deve ter uma impressão muito estimada a seu próprio respeito. Igualmente, o autoflagelo sem razão clara era condenado pela tradição cristã e causou um desgosto bastante considerável. O grande Orígenes, como se ouve dizer, e Eusébio, um antigo historiador da Igreja, confirmam, voluntariamente, que se castraram para não sofrer tentações pecaminosas. Não condenamos os que fogem para a morte com base em terríveis sofrimentos, mas ainda restaram alguns tabus ligados ao suicídio: as pessoas reconhecem com dificuldade que o pai ou a mãe tirou a própria vida.

Se, porém, deixamos de lado a conhecida tradição cristã, será que podemos, dentro dos limites de um raciocínio totalmente secular, questionar o princípio de se autopossuir? Se a instituição da escravidão não pode ser legal, conclui-se daí que, do mesmo modo, não posso, por vontade própria, vender-me a outro como escravo. Nesse sentido mínimo, não sou meu próprio dono.

Parece-me que, se fosse meu dono sem limitações, seria meu direito exercer minha vontade sem limitações, quer dizer, eu poderia fazer tudo aquilo que quisesse e pegar tudo de que gostasse, por todos os meios que estivessem disponíveis. Isso não quer dizer, é óbvio, que poderia fazer tudo, não só porque minhas forças são limitadas, mas também pela simples razão de que satisfazer todas as minhas vontades e usar o mundo de forma livre sujeitam-me a multas e situações desagradáveis. Porém – e esse é um aviso geral, neste caso –, se o medo da punição, da prisão, do carrasco ou da infâmia me impedem de realizar meus gostos, e nada mais, posso reconhecer que sou um pleno possuidor de mim mesmo (portanto sou minha propriedade), já que toda a minha vida é organizada segundo a proporção "satisfações *versus* tristezas", e nenhum de meus desejos, paixões ou atos de vontade podem ser criticados nem ser maus; tais adjetivos não têm sentido para mim; em proveito próprio, considero-me o dono do mundo. Não faço várias coisas que gostaria de fazer, uma vez que seria imprudente, de acordo com aquela proporção, mas não existe nenhuma razão para que eu me abstenha, por exemplo, de violentar mulheres, de assaltar, roubar ou torturar outras pessoas, se tiver vontade para isso e caso, ao mesmo tempo, tenha razões para supor que poderei escapar da punição, ou estiver em uma situação em que a lei parou de funcionar. Mas se, entretanto, creio que certos atos são francamente maus ou bons em si mesmos, independentemente de qualquer legislação ou razões utilitárias; se reconheço as regras do bem e do mal como algo fixo, pronto, e não por força de meu decreto nem como consequência de decisões legais; se creio que existe o mal e o bem, inscrito de alguma forma na constituição do mundo, então já não sou pleno dono de mim mesmo. É claro que posso romper as regras, mas não posso invalidá-las; nem eu nem ninguém pode lhes tirar a força. Não sou o proprietário de mim mesmo tanto quanto me submeto às obrigações, tanto quanto existem em si responsabilidades legais, que me rodeiam. Agora, que existam regras que amarram o bem e o mal, como componentes ou qualidades do próprio ser, em separado, tal não pode ser demonstrado da mesma maneira que o astrônomo pode provar – de modo indireto, não por meio de observação – a presença de certo satélite invisível de algum planeta; não se pode prová-lo, estritamente falando, mas se pode acreditar, assim como se pode acreditar na existência de objetos matemáticos que não existem, não importando nossas convenções nem regras linguísticas, embora nem isso se possa provar. Mas existem fortes razões – e eu compartilho delas – para acreditar em um e em outro. Caso assim acreditemos, cremos também que ninguém de nós é, sem limites, possuidor de si mesmo.

Sobre o passado e o futuro

Alguém poderia dizer que se trata de um tema demasiado ambicioso para uma pequena palestra de doze minutos. Pode-se responder que tudo pode ser ilimitadamente encurtado, resumido, comprimido, e que resumir é cada vez mais necessário e inevitável na nossa civilização em função do volume de informações sob o qual vivemos.

Das histórias de filosofia conhecemos o seguinte argumento: aquilo que passou já não tem definição; aquilo que vem ainda não tem definição; então, deve-se concluir que o que é verdadeiro é o momento pontual, sem medida entre ambos, e, como é sem medida, é difícil dizer em que sentido é verdadeiro. Daí, na sequência, nasce o medo no despontar do sentimento, que pode ser expresso com o dito absurdo "então nada existe".

O contra-argumento para este inquietante pensamento é: não existe, na verdade, na experiência, algo que seja este momento pontual no tempo; toda essa descrição não é tirada da experiência, mas da reflexão sobre a abstração do tempo, representado como uma linha reta, em que um ponto não é exatamente uma parte, mas uma interseção. O tempo, entretanto, é experimentado em um processo contínuo, no qual aquilo que acabou de passar e aquilo que é antecipado em breve são sentidos como reais. Existe até um método mais trivial, mais popular de sentir: ontem combinei um almoço com um conhecido e hoje estou cumprindo o combinado, ou seja, considero que, embora passado, seja real, já que dirige meu comportamento. De maneira similar, antecipo meu comportamento futuro remetendo-o a experiências ou lembranças atuais.

Isso é verdade, mas, quando já experimentamos uma vez essa inquietude da irrealidade, mesmo que com o apoio de uma lembrança, de um raciocínio muito simples, não conseguimos nos livrar dela por completo. Certa preocupação pode nos atacar em face da descoberta tão comum: isso que experimentei há um minuto – alguma sensação, alguma palavra dita por mim ou por outro, algum som – já mergulhou no infinito do abismo imóvel, não voltará nunca, nunca mais, só a memória pode guardá-lo, e a própria memória é apenas meu recipiente próprio de sensações; pode ser que se perca junto comigo. Caso eu também viva eternamente e me lembre de tudo, não poderei jamais trazer de volta a realidade do que passou. Deus, como dizem, não tem memória nem faz antecipações, mas vive no momento atual imóvel, onde está tudo que para nós já passou ou que ainda não veio.

Daí surgiu a pergunta: será que Deus poderia mudar o passado e fazer com que não acontecesse algo que nossa experiência diz que aconteceu? Alguns apresentam a sugestão audaciosa de que sim, já que é onipotente: assim fez Duns Scotus na Idade Média, e Lew Szestow no nosso século. Escritores de aventuras que descrevem viagens no tempo têm grande dificuldade com os paradoxos que elas provocam. As virgens com cujo charme se alegram os felizes habitantes do céu corânico voltam a ser virgens depois dos ataques amorosos. Já se vê que o tempo no paraíso é organizado de forma diferente que na Terra, mesmo que não nos seja possível imaginá-lo. Pode ser que existam na realidade terrena substitutos para a saída divina do tempo: os místicos descrevem experiências de vida extratemporal, e mesmo aqueles que não experimentaram as elevações místicas conhecem, no entanto, momentos excepcionais desse encantamento, em que o presente é que reivindica tudo; não se experimenta nem memória nem previsão. O que quer dizer a frase de São João, de que não haverá mais o tempo, isso não se sabe.

Todos sabem que a memória é seletiva e que por vezes nos engana; cada um provavelmente leva na memória diversos acontecimentos dos quais gostaria de esquecer, mas não é uma questão de vontade pessoal. As experiências diárias também nos ensinam que várias coisas que não lembramos, e aquelas que gostaríamos de lembrar, mas não conseguimos, vêm depois de modo inesperado à memória. Pode ser então que a memória se mantenha intocada em algum lugar, embora com frequência inacessível e apesar de certos danos ao cérebro e algumas doenças poderem, aparentemente, destruí-la. Talvez.

Não há discussão quanto ao fato de que a memória é item essencial para o senso de identidade, tanto individual quanto coletiva; que somos nós mesmos graças ao fato de termos um passado como o nosso; que a história pessoal lembrada, mesmo repleta de buracos e deformações, é a própria pessoa. A história coletiva da humanidade, embora cheia de lendas, fantasias e enfeites, é essencial não só para o senso de identidade de povos, nações, religiões; é também necessária para que estejamos conscientes de que existe um corpo na humanidade. Porém, não é uma professora da vida nesse sentido, para que possamos dela tirar indicações úteis para a vida atual. Conhecemos do passado coletivo apenas uma pequena parte – daí poder surgir a pergunta: será que os imensos campos que não conhecemos e nunca conheceremos são em algum sentido verdadeiramente reais? Pode-se responder que, independentemente do que tenha acontecido, é possível terem sido teoricamente (mas não tecnicamente) criados, porque precisavam ter deixado rastros. Para acreditar nisso é necessário reconhecer o dogma do determinismo universal, que não é algo óbvio.

Contudo, é evidente que o futuro não é real em um sentido muito mais forte que o passado, e que não há simetria nenhuma nesse tema. Podemos antecipar o futuro próximo com bom-senso de confiabilidade (por exemplo: vou jantar em uma hora), mas nunca com certeza incondicional (pode ser que eu morra antes que venha o jantar; pode ocorrer o fim do mundo em um minuto). É difícil fantasiar a respeito de nosso futuro ou do futuro coletivo; essa fantasia tornou-se uma parte reconhecida da atuação literária. Todos sabem que Leonardo sonhava com máquinas voadoras e que estudou os movimentos dos pássaros com tal objetivo; no século XVII, Cyrano de Bergerac escreveu sobre viagens para a Lua e, a partir da segunda metade do século XIX, o romance fantástico teve um enorme sucesso.

Pode-se sonhar com todos os milagres técnicos, e algumas das fantasias no fim se realizam. Artur Clarke já antecipava, há mais de meio século, a comunicação por satélites e a clonagem; outros, muito antes que houvesse possibilidades técnicas, anteciparam telefones, submarinos, o envio intercontinental imediato de imagens ou mísseis. Não creio que se deva considerar o romance fantástico, por sua natureza, como literatura de menor importância. Os escritores de romances não colaboram, é claro, para o surgimento de obras técnicas sobre as quais escrevem, e não sabem como construí-las, porém mantêm várias fantasias, por assim dizer, que são necessárias às pessoas, na superfície da vida cultural. Não existem, em geral, sutilezas psicológicas nessa literatura, análises comportamentais, gestação de histórias etc., e o fato de ela ser fácil de ler não significa que se a deva menosprezar; trata-se, na realidade, de um outro e aceitável tipo de escrita; quando for criativo, inteligente e divertido, merece reconhecimento. Na verdade, não se pode garantir que sem o romance fantástico não haveria todos esses milagres técnicos;

porém, como comentam os conhecedores do assunto, apesar de nenhum dos romancistas ter antecipado novidades como a eletricidade, o radar, os transistores, os raios Roentgen ou laser, suas obras não foram menos úteis para que fantasiássemos, ainda que sem imagens da materialização das fantasias; elas são impulsos naturais da nossa mente, que não consegue passar sem a exploração do desconhecido.

Já que para a fantasia não há limites, as previsões podem também ser coloridas tanto com uma gentil agitação quanto com medo. O passado, nesse sentido, dá-nos uma sensação de segurança que é inevitável. O que aconteceu já aconteceu; não se pode fazer nada a respeito, mas também aquilo que aconteceu já não existe, e continuamos vivendo, deixando o assunto para trás. Existe certeza, mas essa certeza não existe para temas que ainda não aconteceram, e tudo nos parece possível. Nada mais fácil do que, por meio de uma calculadora de bolso, extrapolar as condições existentes, por exemplo, e imaginar que, dentro de algum tempo, viajaremos de Paris a Los Angeles em quinze minutos; pode ser que sim, pode ser que não, mas esse tipo de fantasia é pouco produtivo. O que for acontecer depende de tantas e de tão variadas condições, cujo funcionamento individual não estamos em condições de calcular, que, mesmo que tenhamos de prever, é nossa responsabilidade lembrar as incertezas de todas as previsões. Quantas profecias, ditas racionais ou "científicas", foram para o inferno? Os árabes, no passado, conquistavam país após país, de maneira que era razoável a suposição de que toda a Europa cairia perante eles. A União Soviética expandia sua dominação de fronteiras por décadas, e também, como um tecido canceroso, a cada vez conquistava com novas metástases territórios longínquos: na África, Ásia, América do Sul. Será que não havia uma previsão racional de que um dia tomaria todo o globo terrestre? Mas tal não aconteceu, e o império caiu morto. Agora nos parece que certas tendências, que observamos há algum tempo, devem ainda atuar em um futuro de limites não definidos; essa é uma ilusão natural nascida do costume. Então vai haver um só país europeu? Pode ser que sim, pode ser que não; muitas situações falam por intermédio de uma profecia, uma após a outra. A administração do mercado na China vai levar, no final, à vitória da democracia, porque existe uma ligação clara, historicamente comprovada, entre ambos. Pode ser que seja assim, pode ser que não. Nossas previsões, embora às vezes amparadas em bases racionais, são bastante frágeis.

As avaliações do passado, embora aparentemente amparadas em um conhecimento melhor – porque, afinal, sabemos o que aconteceu –, são também incertas, e vemos, a cada passo, quando o fato aconteceu há bastante tempo – parece que as interpretações históricas são questionáveis. Então é impossível descrever o passado sem introduzir nas histórias diversos de nossos preconceitos, historiológicos ou filosóficos; bem como nossas avaliações escritas no idioma que usamos. E onde está a fronteira entre o fato em si, que não se pode mudar (por exemplo, que em 1685 foi cancelado o edital de Nantes), e sua interpretação (a Reforma causou uma reforma dentro da Igreja romana) não se pode em absoluto estabelecer. Por fim, talvez nossa incerteza não seja realmente diferente – embora não pelos mesmos motivos – tanto no caso de acontecimentos futuros quanto de passados.

Sobre a inveja

De todos os sete pecados capitais, é mais fácil perdoar a preguiça e a gula, e os maiores danos e infelicidades, assassinatos e guerras, creio, são provocados pela inveja. Podemos apresentar a preguiça em diferentes circunstâncias; a gula de outros mais nos diverte que irrita; não gostamos, porém, de demonstrar claramente a inveja, embora, na verdade, quando fazemos algo que é dirigido pela inveja, não evitamos um autodesmascaramento, e os observadores notam bem nossa pequenez moral.

A inveja é, de maneira básica, uma emoção universal, e, para não alimentá-la, é necessário ter constituição moral específica; algumas pessoas são felizes detentoras dessa constituição; a maioria, no entanto, não o é. As condições que criam a inveja também são basicamente universais, porém ninguém – embora não se saiba por quê – favorecido pelo destino é favorecido sob todos os aspectos; sempre existirão outras pessoas que possam ser invejadas por alguns bens, e cada bem do outro pode ser objeto de inveja: dinheiro, fama, sucesso neste ou noutro campo, boas relações familiares, saúde, talentos, sucesso na vida sexual, muitas amizades etc. Se houvesse, por exemplo, alguém tão anormal a quem o céu, por motivos desconhecidos, tivesse suprido com todos os possíveis bens em quantidade, ainda assim essa pessoa poderia estar exposta ao pecado da inveja, porque não é possível que não houvesse outros que, de algum modo, não estivessem mais bem aquinhoados.

A emoção da inveja tem dois lados, e ambos são particularmente humanos, mas não selvagens em geral. Um lado se permite falar as palavras "eu quero ter o mesmo que aquele"; o outro utiliza as palavras "eu não quero que aquele tenha mais do que eu". A diferença entre os dois lados da inveja é clara, e ambos se mostram indistintamente e em conjunto. Os animais lutam e competem pelo acesso a vários bens, mas apenas sob influência de uma falta pontual de comida ou sexo. Dois ursos famintos podem lutar por um peixe, mas se deve pensar que, se o urso estiver satisfeito, não lhe vem à mente arrancar peixes de outros ursos para que não fiquem bem e não satisfaçam sua fome. Com os homens é diferente: as necessidades humanas não têm limites definidos em termos fisiológicos, e vemos, em particular nesses escolhidos pelo destino, que nunca têm o suficiente: nunca o suficiente de fama, nunca o suficiente de dinheiro ou sucesso, ou de reconhecimento. Graças a tal capacidade de aumento ilimitado de necessidades, as pessoas são ao mesmo tempo criativas e infelizes: a inquietude é a mais clara fonte dos esforços criativos, como também do sentimento de deficiência.

Caso, porém, a deficiência seja somente o estímulo para mais esforços, não deve ser associada à inveja, e podemos elogiá-la. Porém, com bastante frequência, a inveja se imiscui.

A inveja, embora uma emoção claramente humana, não é, afinal, um reflexo comum, como medo ou fome; parece que surge de forma natural e não intencional, como que por força das circunstâncias. Como uma emoção individual, não exige nenhuma ideologia ou doutrina. É diferente quando se torna um acontecimento coletivo, coletivamente significativo. Em tal caso exige uma justificativa ideológica. Chama-se então desejo de justiça e exigência de compensação por danos recebidos. Atenção, entretanto: quando falamos assim, não devemos presumir que a exigência da justiça seja sempre um encobrimento ou um disfarce para a emoção negativa ideológica da inveja. Não; tal exigência pode ter um embasamento bom, e até muito bom, mesmo quando a força da inveja a apoia. Pode-se pensar que, nas coletividades, em que havia uma forte e evidente diferença de classes, as pessoas de classe pobre, embora vissem marcantes diferenças entre seu nível de vida e o dos ricos, aceitavam isso como parte da ordem natural, como decisão divina ou uma imutável organização do mundo; se fosse diferente, seguramente se revoltariam com frequência. A História, entretanto, mostra que as revoltas de pobres contra ricos em nome da justiça só ocorreram de maneira esporádica, em circunstâncias específicas.

Hoje, entretanto, quando quase todos no mundo estão expostos a shows de demonstrações de luxo, riqueza e fama nas telas da televisão, é difícil esperar que os que vivem em verdadeira privação reconheçam o fato como um componente inerente da organização. Não se consegue definir privação sem recorrer a situações psicológicas, coletivamente definidas; talvez seja a vida aquém dos limites de resistência fisiológica. No entanto, posso ter o suficiente em termos de alimentação para mim e para minha família, meios para me vestir e me aquecer, um seguro médico básico e escola para meus filhos, e, ainda assim, conviver com uma louca inveja em relação a outros que têm mais. Não é possível definir de maneira geral o ponto em que a pobreza atravessa os limites aceitáveis, e a inveja, seguida das reclamações associadas a ela, pode se tornar válida e ser verdadeiramente chamada de exigência de justiça; só que, na verdade, nada mais é que a incapacidade de aceitar que quem quer que seja tenha mais do que eu, mesmo que seja algo claramente merecido.

O conhecimento histórico nos fala muito sobre as infelicidades causadas por ideologias igualitárias, mas os sermões religiosos contra a inveja são ineficazes, em especial nos dias atuais; provavelmente são raros hoje, porque a Igreja se concentra em particular nos outros pecados, mais fáceis de nomear. Também pode ser que haja na Igreja a sensação de certo embaraço diante do estilo de papas e padres de tempos mais antigos, que claramente exigiam que aceitássemos todas as desigualdades existentes, todas as hierarquias e divisões de classe como uma ordem divina. Contudo, apesar de estar de acordo com o fato de o ensinamento atual da Igreja chamar a atenção para as insuportáveis desigualdades e a pobreza sem cura, clamar para que os oprimidos e desdenhados pelas condições sociais se organizem em autodefesa, e chamar os privilegiados para que pelo menos não fechem os olhos à desgraça humana, ainda assim a inveja, causada por sofrimentos e pequenezas, não se tornou um tema ultrapassado, seja nas categorias moral ou política. Como em todas as coisas do mundo, aqui também temos uma dualidade difícil de resolver.

Quanta inveja existe na sociedade é logicamente impossível calcular, e também é pouco provável que se pudesse fazer uma pesquisa de opinião pública sobre esses temas para obter resultados confiáveis. Observações não razoáveis não são aceitas. Algum escritor pode ter um acesso de loucura caso algum outro lhe tenha feito uma desfeita ao ganhar o Prêmio Nobel. Em casos assim existem várias tradições. A sociedade norte-americana, que nasceu sem hierarquias de classe com o sentido europeu, sem aristocracia nem privilégios, onde então as diferenças entre as pessoas são basicamente de quantidade, mensuráveis em dinheiro, é menos exposta ao demônio da inveja. A Polônia, de acordo com essas considerações sensatas, é um lugar interessante em particular para esse tipo de emoção. O homem de negócios norte-americano, de acordo com o costume local, deve andar com um carro novo e caro, que demonstre aos outros sua saudável condição financeira. São ossos do ofício; alguém de profissão acadêmica pode andar com um carro usado, e isso não lhe trará descrédito nem afetará sua reputação. A inveja, é claro, é mais significativa em relação a pessoas de nosso círculo mais próximo. Como não sou ator, posso não ter inveja em relação aos atores talentosos e famosos, mas, como sou pintor de pouco sucesso, então a inveja de outros pintores, que gozam de um sucesso significativo, pode ser forte.

Entretanto, repito: a própria tendência de se igualar aos outros que conseguiram algum sucesso não é destruidora nem má, já que incentiva um esforço maior; é destruidora e má quando o que me interessa é que ninguém fique melhor que eu e quando meu esforço se direciona nesse sentido, para fazer com que este, mais eficaz, seja prejudicado na esperança de que, dessa maneira, eu o traga ao meu nível, pois assim seremos "iguais". Vemos tais coisas todos os dias. "Que não durmam tão tranquilamente, já que não posso dormir", recitando um verso de Leopold Staff.

Alguém pode perguntar: será possível vencer a inveja? Penso que essa seja uma tarefa sem futuro, transformada hoje em um movimento social. É possível tentar vencer a inveja, esteja ela apoiada por reclamações válidas ou não, mas como inveja decerto não pode ser destruída. A inveja individual, entretanto, pode, talvez, ser enfraquecida pelo raciocínio ou pela inteligência, e a inteligência é importante nesse caso.

É o seguinte: a inveja – individual ou coletiva, étnica ou classista – com facilidade se transforma em ideologias que têm aparência de legalidade; afinal, outros – por exemplo, alemães, russos, ucranianos, judeus ou poloneses – nos fizeram tanto mal! Os danos podem ser reais ou imaginados, bem descritos ou enormemente exagerados, mas dão à inveja uma aparência de validade. Enquanto isso, a própria inveja, ao contrário do ódio que vem de outras fontes, é algo vergonhoso, algo que não convém colocar em exposição. Todavia, como disse, esconder a inveja é difícil, e os invejosos, quando produzem essa emoção, deixam entrever a própria vaidade de maneira extraordinariamente eficaz, embora a cegueira em geral não os deixe perceber isso. Mas aquele que se deu conta dessa simples coisa pode controlar-se para não demonstrar inveja, e, quando o consegue (mas, repito, a inteligência é necessária), de alguma forma bloqueia a emoção. A inveja não faz muito mal àquele contra quem é dirigida, porque este pode facilmente ignorá-la, embora perceba que o invejoso se torna ridículo. Mas faz mal ao próprio invejoso e o prepara para um tormento. Como diz um ditado alemão de autor para mim desconhecido (o jogo das palavras é intraduzível, mas o sentido é claro): *Eifersucht ist Leidenschaft, die mit Eifer sucht was Leiden schaft* – a inveja é uma paixão que corre avidamente atrás daquilo que causa sofrimento. Os invejosos, portanto, são infelizes pela própria culpa. Como o cínico Antístenes dizia, o próprio caráter deles de tal forma os corrói como a ferrugem ao ferro. Já que vivem nessa emoção tola, nunca alcançarão o vinho da vida que buscam.

Sobre a justiça

Já falamos sobre a justiça ser o disfarce da inveja. Agora só algumas palavras sobre a justiça que é realidade, e não disfarce.

Já que praticamente todos os filósofos, moralistas e teóricos do direito tentaram explicar no que se baseia a justiça, o ato justo, a pessoa justa e o país justo, pode-se pensar que não chegaram à clareza e a um acordo sobre esse tema. Daí também é necessário supor que esse seja um dos pilares mais importantes de nosso edifício de conceitos, já que esse mesmo destino (o de não haver clareza nem acordo) aparece em todos os pilares importantes, de cujo tratamento as teorias filosóficas se ocupam.

Considerando um número de casos específicos, é fácil chegar a um acordo sobre se certo fato era injusto – por exemplo, se um juiz condena um homem inocente com base em evidências bastante duvidosas. Também, mas com menor correção, podem--se dar exemplos de comportamentos justos. Por exemplo: o Papai Noel deu, de forma justa, presentes a todas as crianças que estavam na festa; "de forma justa" significaria "de forma igual". Será, porém, que, falando assim, assumimos, apesar de tudo, que a regra "igual para todo mundo" tem uma validade universal? Pensemos, por um momento, o que se teria que fazer não para mudar o mundo, mas para virá-lo do avesso, fazer uma revolução cujo resultado seriam milhões de cadáveres somente para introduzir essa regra – e, no final, sabe-se de antemão que não se obterá o resultado desejado.

Os que escreviam sobre esses temas, dos tempos da Ética de Nikomachos e de Aristóteles, chamavam a atenção para o fato de que a justiça normalmente é tomada como o nome geral do bem moral; uma pessoa justa é uma pessoa boa, um ato justo é algo que se deveria fazer nessa situação conforme as regras morais, agir com justiça é agir de acordo com o código moral correspondente. Com esse significado tão amplo, a ideia da justiça é, apesar de tudo, pouco útil. Os códigos morais também são variados: aqui está o requisito da retaliação; lá, o chamado para o perdão – aqui se pode, e lá não se pode matar os inimigos políticos. Também não se pode dizer que justo é aquele que age conforme a lei do país, uma vez que se diz que a lei costuma ser injusta, e não só nos regimes tirânicos ou totalitários (por exemplo, o dever de fazer doações pela família ou por vizinhos ou penas por possuir um livro proibido), mas também nos países onde funcionam instituições democráticas. Uns podem dizer que são injustas as políticas progressivas; outros, que é injusta a proibição de possuir armas de fogo; e, ainda outros, que, em face de injustiças passadas, devem-se dar privilégios aos descendentes daqueles que um dia foram vítimas dessas injustiças (por exemplo, discriminação racial ou discriminação de mulheres).

Suponhamos que eu tenha sido o funcionário de um escritório, mas que me dispensaram do trabalho, e que eu então entro com um processo pedindo recompensa pelos danos, porque, conforme declaro, cumpri corretamente com as minhas obrigações. Suponhamos mais: que eu realmente as tenha cumprido, e que tenham me dispensado porque tenho um caráter difícil, porque brigo sem parar com as pessoas, ofendo a todos, faço confusões e não é possível que ninguém me aguente. Será que tenho o direito de reclamar "justiça"? Nesse caso realmente depende da definição da palavra; a maioria provavelmente reconhecerá a minha demissão como justa, mas sempre há uma minoria com outra definição (fui tratado com injustiça, já que faço tudo pelo que me pagam).

O justo é, segundo a antiga fórmula, dar a cada um o que lhe é devido. Como, porém, saberemos o que é devido a cada um, se deve se dar segundo a justiça distributiva, quer dizer, relativa à distribuição dos bens, ou segundo a justiça retributiva, em que os bens são "contrabens", punições? As pessoas especularam por séculos sobre o tema do preço justo ou do pagamento justo. O projeto de medição do valor de um produto por meio da quantidade de tempo necessária para produzi-lo pode parecer justo, porque cada produtor ganharia proporcionalmente "de acordo com o serviço". No entanto, esse projeto tornou-se inviável na administração do mercado: passar de um valor estimado de tal maneira para o preço é impossível. Os preços são decididos pelo mercado, que estabelece o pagamento, mas o mercado não é justo e não pode ser (se alguém garante que é, então deve declarar que o mercado é justo por definição, é claro; entretanto, essa suposição não tem nada em comum com aquilo que temos normalmente em mente – embora não de maneira clara – ao falar de justiça). A oferta e a demanda oferecidas são os mais variados caprichos da fortuna, acasos da natureza, falências em algum país distante, modas imprevisíveis etc. – nada aqui sobre justiça. Se o mercado de ações fosse se ajustar às regras da justiça, não poderia existir. O mercado provoca falências e afasta muitas pessoas do trabalho. É verdade que, no mundo civilizado, as pessoas não morrem de fome, os desempregados têm um benefício mínimo, mas essas são ações antimercado do governo, remédios para resultados negativos dos mecanismos de mercado. Da mesma forma, são antimercado as pressões sociais pelo salário. Não pode ser diferente porque o fechamento do mercado indica um regime totalitário com todas as suas consequências políticas e administrativas, com escravidão e pobreza. Será que se pode dizer que as proteções de um país para as vítimas do mercado são um ato de justiça? Pode--se, partindo-se do pressuposto de que cada um "tem direito" a meios de subsistência, e que é contrário ao conceito de justiça que alguém morra de fome, caso algo possa ser feito. E se não for possível, se milhares de pessoas morrerem de fome como consequência de guerra doméstica e da desagregação de todas as estruturas sociais? Nesse caso, a palavra "justiça" perde o seu sentido.

Também não é possível definir a "justiça" de forma que cada bem seja trocado pelo seu equivalente; quando dou uma moeda ao mendigo ou para a instituição de caridade, não espero afinal nenhuma recompensa – o tratamento de iguais com igualdade, e desiguais com desigualdade, mas proporcionalmente às diferenças; essa regra aristotélica é boa, mas em muitos casos não é suficiente. Realmente, de acordo com as nossas impressões de hoje, as pessoas devem ser iguais perante a lei, de modo que as diferenças que a lei faz entre elas (por exemplo, condenando por crimes, premiando por serviços, negando diversos direitos às crianças, garantindo certos privilégios aos incapazes) só podem ser feitas quando cada um que pertence a uma dada categoria seja tratado da mesma forma. Como vivemos sem proteção em coletividade (esse é um ponto destacado por Rawls, autor de um tratado sobre a justiça, o mais comentado sobre este tema das últimas décadas), estamos envolvidos na defesa dos interesses coletivos, e isso é possível quando cada um reconhece que os outros têm os mesmos interesses que si próprio e o mesmo direito de tratar desses interesses.

Em outras palavras, um ambiente social justo é aquele que se apoia na reciprocidade de todas as reclamações e leis. Caso não exista essa reciprocidade, a coletividade se desfaz. Será, porém, que não posso dizer a mim mesmo: não quero nenhuma reciprocidade, cuido do meu interesse, não me preocupo com os outros, e só cuido para que não me peguem em minhas escapadas? Posso, e muitos o fazem, não necessariamente meditando antes sobre as complexidades do conceito de justiça; é possível, mas então, quando eu for pego e castigado, não poderei me queixar de que estou sofrendo alguma injustiça.

Assim, o silencioso acordo social é, portanto, o fundamento da ordem justa; o que mais então exige o mundo de mim quando quer que eu me comporte com justiça? Provavelmente quer que eu reconheça que existe esse acordo não escrito e, em resumo, isso é bom para mim, mesmo que eu preferisse ter vários privilégios e não me importasse com os outros. Consideremos que, nesse entendimento da justiça, já não haja a regra "para cada um o que lhe é devido" – não é absolutamente necessário definir que algo seja devido a alguém; não precisamos nem dizer que algo é moralmente bom: basta reconhecer que o acordo de reciprocidade para as reclamações resultantes de interesses egoístas garante uma ordem tolerável e estável. O conceito de justiça como uma virtude é então dispensável. Dizemos que as pessoas têm interesses divergentes, os quais perseguem. Não existe nenhuma metafísica da justiça, nem mandamentos normativos da natureza, nenhum *pathos* de Antígona, nenhuma ordem superior divina.

As pessoas, entretanto, sempre quiseram saber mais e crer em alguma ordem natural ou voz vinda dos céus que nos diz o que temos de fazer e que isso deve ser feito com justiça; porém, para tanto, o reconhecimento da reciprocidade para as reclamações e o direito positivo não são suficientes. Certamente posso me comportar injustamente sem quebrar a lei, e às vezes, até com justiça, quebrando-a. Existem ligações entre as pessoas que a lei não regula (embora hoje o direito queira regular cada vez mais), nas quais a ideia de justiça é aplicada. Sem dúvida, a ideia da justiça não pode exigir que eu trate todos da mesma maneira, sem diferenciar de nenhuma forma as pessoas que me são próximas, com as quais tenho amizade, as quais amo. Se eu o fizesse, seria um monstro. Posso, segundo meus próprios sentimentos, dar vários privilégios a distintas pessoas (reconhecendo que isso é permitido a todos), a não ser que se trate de relações em que a mesma lei, com sua exigência de imparcialidade, seja aplicável. Acreditamos ser impróprio que um vereador ou um juiz participe de uma discussão na qual seu irmão é o suspeito, ou que um professor acadêmico examine a própria filha. Declaramos, ademais (parece que com razão), que cada um é suspeito de dar, quando pode, certos privilégios a pessoas por ele diferenciadas.

Mas, na verdade, o que a alma do mundo espera de nós não é absolutamente a justiça, mas a gentileza para com o próximo, amizade e misericórdia – qualidades que não se podem inserir na justiça. Sob esse aspecto, como a doutrina cristã nos ensina, tornamo-nos parecidos com Deus. Dizem que Deus, mais frequentemente, não lida conosco segundo as regras da justiça; pelo contrário: o faz sem nenhuma regra, movido pelo amor. Essa doutrina prega que ninguém pode ter tantos méritos para ganhar com justiça a salvação eterna; é suficiente dizer isso para reconhecer que se trata de uma verdade evidente. Direções extremas do cristianismo, de proveniência agostiniana, garantiam, inclusive, que, se Deus governasse de acordo com a justiça, estaríamos todos no inferno, sem exceção; todos mereceríamos o castigo eterno. Ainda que não reconheçamos esse extremismo, o bom-senso sugere que a salvação eterna não pode ser o pagamento justo pelos nossos méritos, mesmo que os maiores, mas finalizados. Deus portanto não é justo, mas misericordioso. Sejamos assim também, não nos preocupando com a justiça – esse é um bom indicador.

Sobre os enterros

Aquele que se divertiu durante muitos anos no mundo (se é mesmo esta a palavra), sem dúvida nenhuma recolheu muita experiência na participação em enterros. Eu também já participei de muitos: católicos, protestantes, judeus, seculares e comunistas. No entanto, sobre os rituais de enterro de outras civilizações não europeias, sei apenas pelos livros. A variedade e a quantidade desses rituais são assustadoramente grandes; como dizem os etnógrafos, muitos costumes existem que, para o nosso gosto, parecem estranhos. Mas não tenho a intenção de descrever as extravagâncias dessa literatura, e sim de me voltar para a nossa experiência comum, popular, europeia.

Vamos aos enterros de amigos e conhecidos, participando de sua última viagem por uma obrigação interior, mas também aos de pessoas que nos são indiferentes, que acompanhamos até o túmulo por razões de companheirismo ou burocráticas. Com facilidade percebemos a diferença entre o enterro religioso, em particular o verdadeiramente católico, e o secular. Em um enterro secular, sentimos certa indisfarçada falta de jeito, um embaraço, como se o morto tivesse cometido alguma gafe ao morrer; não se pode dizer nenhuma palavra de conforto e, mesmo se algum orador elogiar os atos do morto, e disser que sua obra perdurará (mas como ele pode saber disso?), recebemos essa fala como algo artificial e uma tentativa não convincente de sair da depressão. De certo, a maioria dos presentes preferiria interromper o mais rapidamente possível esse falso contato com quem partiu.

Um enterro totalmente católico é, claro, cheio de tristeza, mas também repleto de esperança, já que o morto foi confiado à misericórdia divina: o padre pede que todos rezem pela alma de nosso irmão em santa lembrança e anuncia a ressurreição; nós nos despedimos dele antes da longa jornada para a Jerusalém celeste. O ritual é baseado na fé, na qual a morte foi vencida. Podemos então dizer, como no hino de Prudentius: "*Iam maesta quiesce querela, Lacrimas suspendite, matres, Nullus sua pignora plangat, Mors haec reparatio vitae est*" (Aquiete a tristeza dolorosa, que as lágrimas não corram, mãe, que ninguém levante lamentos, a morte é a renovação da vida).

Da mesma forma lidam com a morte os rituais religiosos de todas as civilizações, desde as arcaicas – as diferenças sendo quanto ao modo de dispor dos restos e quanto à imaginação dos destinos do morto. Os pedreiros, por exemplo, costumavam antes colocar no caixão do irmão folhas de acácia, árvore que significaria o renascimento, como se viu na história do assassinato de Hiram, construtor da primeira igreja.

A morte, como sabemos, é um acontecimento não só natural, mas também social, religioso, cósmico. Claro que falamos sobre a morte que vem dentro de uma ordem de vida comum, basicamente estável; em casos de grandes acidentes, pandemias, guerras, assassinatos, os enterros simples muito frequentemente não são realizáveis, os restos mortais são massivamente colocados em covas coletivas ou se tornam cinzas, os ossos são anônimos; não há tempo para rituais. Mas, em tempos normais, os rituais são necessários. A morte, embora não seja um acontecimento incomum, sempre mexe com a tranquilidade da coletividade, traz intranquilidade e medo, perturba a rotina. O ritual deve devolver a normalidade, confirmar a coletividade ferida. No nosso costume também a recepção do funeral é parte desse processo: voltamos para casa, tudo funciona, comemos o jantar, somos a mesma comunidade.

Os antropólogos às vezes chamam a atenção para as nossas emoções ambivalentes ou até contrárias em face da morte, e no seu aparecimento nos rituais. Por um lado, os rituais nos asseguram da presença não fragilizada do morto, de sua permanência no mesmo cosmo, e, por outro, confirmam a sua ausência na ordem por nós conhecida, de forma que queremos simultaneamente estar com o morto e afastá-lo para outro mundo, para que possamos de novo afirmar a permanência de nossa vida coletiva. A aceitação da morte e o protesto em face dela são duas páginas não removíveis de nossa vida.

Vários rituais servem para a purificação do morto. Na Igreja romana, essa purificação é o ritual do último ungimento. Antes da última viagem, o morto é curado espiritualmente. Para esse objetivo, temos salmos de penitência: "*Asperges me hysopo et supra nivem dealbabor*" ("Tornar-me-ei mais branco que a neve"). Ao mesmo tempo, é claro que a Igreja é a causadora dessa purificação; portanto, aqueles que estão fora da Igreja são excluídos desse ritual salvador. No *Rituale Romanum* pós-trentino havia uma lista para quem não se podia dar um enterro da Igreja, e é bem longa: pagãos, judeus, todos os infiéis, hereges, apóstatas, participantes de cismas, excomungados publicamente, interditados, suicidas (caso não tenham se matado por engano, mas por desespero ou raiva, e não tenham demonstrado arrependimento antes da morte), mortos em duelo (mesmo que antes da morte mostraram arrependimento), claros pecadores que morreram sem arrependimento, aqueles, dos quais se sabe, que não se confessaram e comungaram por um ano, e, por último, crianças falecidas sem batismo. Imaginamos que todos os nomeados nessa lista vão para o inferno. Assim era; hoje, a Igreja é muito menos determinada nesses temas.

A ambivalência de nossos rituais é também visível em relação ao nosso contato com o corpo dos mortos. De um lado, o cristianismo nos ensina que o corpo enterrado não é importante: é como um disfarce abandonado no qual não ficou nada da alma do morto; por outro lado, entretanto, nos é ordenado um respeito para aqueles restos, que, de forma tão cerimoniosa, por vezes até suntuosa, entregamos à terra. Esse duplo sentido existe em várias culturas. Somente em poucas o corpo foi tão cultuado como no antigo Egito (mas isso só se aplicava às classes mais altas), onde, assim como na Índia, os restos mortais eram queimados, e as cinzas, jogadas no rio santo, ou os mortos eram jogados no mar. E também como nos parses e seguidores de Zoroastro (às vezes, com os budistas), em que se entrega o corpo aos abutres para serem comidos; os mortos não são desdenhados e jogados no lixo – não, eles são entregues à natureza, às almas do mar, às almas do rio. Também são considerados rituais respeitosos para mortos (para o senso europeu são considerados terríveis) aqueles em que se pratica o canibalismo com os restos mortais.

Queremos acreditar em uma ligação com os próximos que nos deixaram, mas também queremos a separação. Na Roma antiga se faziam rituais periódicos, que deveriam impedir o retorno dos mortos como lêmures, almas. Em algumas partes da Europa existe um tabu em pronunciar o nome do morto; cobrem-se também os espelhos após a morte. As experiências de contatos espirituais com os mortos são duramente proibidas pela Igreja romana (mas devemos crer na comunhão dos santos e fazer orações aos céus para eles, que não são nossos mortos, e sim entes celestes). Vemos esse duplo sentido na relação da Igreja com a cremação dos restos; falaram duramente sobre esse tema os papas Leão XIII, Pio XI, e por último, menos duramente, Paulo VI. A cremação não é um mal em si; é permissível, caso haja dificuldades com o enterro e se não houver desconsideração objetiva do cristianismo, já que a queima dos restos não pode afetar a imortalidade da alma nem dificultar para Deus a tarefa de reviver o homem no dia da ressurreição (lembremo-nos, entretanto, da história sobre Deus, que revive os ossos dos mortos na presença do profeta Ezequiel).

A participação em enterros era uma forte ordem. Quando pertencemos a certa coletividade, devemos cumprir esse compromisso (eu mesmo, enquanto morei na Polônia, ia a enterros com bastante frequência, mas na Inglaterra isso acontecia raramente, assim como nos Estados Unidos, o que é um testemunho de alienação ou também de pouca integração nesses países).

Notei que somente na Inglaterra aconteceu de eu ouvir risos em um enterro, provocados intencionalmente pelo orador. Não é absolutamente o caso de falta de respeito para com os mortos (nos enterros em que vi isso acontecer, os que provocaram risos pertenciam à elite cultural do país), mas somente um alívio de tensões.

A morte faz nascer tanto uma fascinação, presente especialmente em algumas civilizações (por exemplo, o México), como também o desejo de remover a questão da lembrança. Mas o respeito pelos restos existe em todas as civilizações, grandes ou pequenas. Poder-se-ia pensar que fosse dispensável, mas não o é; ao contrário, é importante para a cultura, é uma parte do respeito pelo ser humano, embora saibamos que este já não existe mais. Essa não é uma questão religiosa, porque nas categorias religiosas um corpo morto poderia parecer sem importância: o morto vive em outro lugar, diferente e melhor. É uma questão secular, bastante importante. A presença de rastros materiais de pessoas mortas é um acontecimento comum e uma lembrança da história coletiva, e, sem o sentimento de que continuamos a viver coletivamente, antes e depois, não poderíamos preservar a nossa cultura. Esse respeito pode, afinal, expressar-se em formas opostas; é, por exemplo, um costume na Polônia tentar trazer os restos mortais de poloneses destacados que tenham morrido em outros países. São, entretanto, com algumas exceções individuais, pedidos tolos. Os túmulos de poloneses estão espalhados pela terra: vários expulsos, emissários, emigrantes, soldados de outros exércitos – esse é, na verdade, o grande testemunho dos destinos históricos da nação, que como tal devem ser honrados, em vez de dizer "estes ossos são nossa propriedade" (por sorte os franceses nunca nos devolverão os ossos de Chopin, que estão no Père-Lachaise). Vemos então como decai a nossa tradição de enterros e cemitérios. Em muitos locais, na verdade não há lugar para novos cemitérios; a cremação se generaliza. Sabemos, contudo, que um passeio por um cemitério tradicional é ou pode ser algo bom e edificante espiritualmente, enquanto as gavetas, colocadas umas sobre as outras, onde estão as cinzas, já não impressionam; são mudas e indiferentes, não dão a sensação da continuidade histórica na qual vivemos.

Cada vez mais existem transplantes de diversos órgãos de corpos recém-mortos; ouve-se até a exigência de que seja permitido fazer essas operações de forma rotineira, caso o falecido antes da morte não tenha expressado uma oposição (assim já se faz em alguns países). Nesse caso se trata, é claro, da salvação dos vivos, uma questão boa, sem dúvida nenhuma; entretanto, reconheço que eu não teria vontade de que pessoas próximas a mim fossem tratadas assim após a morte, como um armazém de partes sobressalentes. Será que esse é um sentimento irracional? Pode ser. Esconde-se atrás dele uma questão importante. Podemos, quando existe motivo, falar mal dos mortos, mas, quando todos nós acostumamo-nos com o fato de que seus restos materiais são como uma pedra à beira do caminho, impessoais, coisas sem nenhuma relação com nossa vida espiritual, ameaça-nos o fato de que trataremos como objetos sobressalentes também os vivos. E isso seria o fim de nossa cultura.

Sobre as máscaras

Não conheço a história das máscaras, as quais, como sabemos, existem sob vários tipos: teatrais, rituais, totêmicas, de guerra, de defesa, mortuárias. A minha intenção não tem a ver com a história, mas sim com a ideia da própria natureza da máscara. A função da máscara, no teatro ou nos rituais, não é, certamente, fazer com que as outras pessoas considerem o mascarado – ator, xamã, padre – alguém diferente do que é. No teatro europeu, as máscaras não são usadas atualmente, de fato, a não ser para efeitos especiais. No amplo sentido da palavra, atrás da máscara pode acontecer tudo que deve criar no espectador a ilusão da realidade: as roupas, os movimentos, as decorações. Cada espectador sabe que está vendo um ator, e não Édipo, Fedra ou Macbeth; no entanto, está pronto para se entregar à ilusão, e, sabendo ser uma ilusão, para experimentar as emoções, excitações, compaixões e ódios que são verdadeiros nesse sentido, uma vez que são percebidos. E, assim mesmo, estão seguros, porque justamente vêm de um espaço imaginado (será que lidamos aqui com a purificação aristotélica? Deixo este tema de lado, porque creio que ninguém está seguro do que exatamente Aristóteles tinha em mente). Por tais motivos, poder-se-ia suspeitar de que as máscaras teatrais (num sentido amplo) na verdade não enganam o observador, já que ele sabe que é uma máscara, e não uma face, mas, mesmo nessas condições, as máscaras são permeadas pela mentira, porque trazem em sua moldura os horrores do mundo, ainda que de forma bela e ordenada, que parece enobrecê-los. Temos, então, uma mentira dialética sem mentir, e isso pode ser extrapolado para todos os tipos de arte, em qualquer caso, chamados de semântica. Pode-se encontrar essa desconfiança em Nietzsche, em que a obra não só encaixa enclaves de beleza entre a feiura do mundo quanto a esconde, colocando sobre ela uma bela máscara. O seguidor dessa teoria pode dizer que não existe nenhuma partícula de beleza em um par de botas rasgadas e usadas; contudo, Van Gogh conseguiu modificar tal par para uma coisa marcantemente estética e valiosa: esse par de botas fica como que enobrecido, é uma parte do mundo que adquiriu brilho e ordem. Da mesma forma, lembramo-nos dos horríveis semblantes dos soldados romanos em vários dos quadros que demonstram a crucificação ou a flagelação de Jesus; os rostos são realmente horríveis, mas o quadro pode nos encantar.

Segundo essas observações, a arte que tenta imitar a realidade é costurada com a mentira, porque, de uma forma ou outra, realmente não imita o mundo, mas adiciona uma bela cor às suas iniquidades e feiuras, incentivando o uso da máscara. A partir dessas observações – ditas de uma forma ou escondidas em ideologias construídas diferentemente – nasceram, decerto, várias tentativas de deixar a chamada "ilusionística", e isso em quase todos os tipos de arte. Menos, talvez, nos filmes, que certamente se explicam de maneira direta: o filme deve falar para o povo, para as "massas", porque sua produção é cara, todos os participantes querem ganhar bastante, e o povo, ou "as massas", não gosta de uma arte que desiste da ilusão da realidade, e garante que não a entende. As operações anti-ilusionistas caminhavam em diversas direções. Poder-se-ia construir uma obra de arte de forma que falasse diretamente ao observador ou leitor: "esta é uma obra de arte; não é realidade". A liberação das mágicas do teatro realista era chamada por Bertolt Brecht de *"Verfremdungseffect"*, o chamado da alienação; corais ou músicas, não necessariamente ligados à narração, reforçam, exatamente, esse sentimento: "isto é teatro". Em oposição intencional com a tradição de Stanisławski, o ator deve ser ator, e não alguém que tenta se tornar o personagem que interpreta. Nesse mesmo espírito atua a minimização cenográfica. E, caso a máscara se mostre, não é para convencer o observador de que o ator não é aquele por quem ele passa, mas especialmente para destacar a artificialidade e, portanto, a "mentira" do espetáculo. O teatro do século XX, em grau variado e em diferentes formas, destaca essa sua "mentira", que deveria ter sido o remédio para a mentira dos espetáculos realistas – uma mentira expulsa a outra. O teatro poderia continuar a falar para o espectador, ensiná-lo, moralizá-lo, diverti-lo e até emocioná-lo, mas de forma diferente da literatura antiga. A tragédia de Shakespeare ou de Ibsen podia tirar o fôlego do espectador e levá-lo às lágrimas, e um espetáculo de Brecht, particularmente do tardio *"avant-garde"*, Ionesco ou Beckett, já não o faz: pode demonstrar (ou seja, "desmascarar", tirar a máscara) a penúria do existir, o caos do ser e a ausência de sentido, algumas vezes acordar a saudade de algo melhor, do bem, da amizade, da justiça, de Deus, porém não quer fingir nada, assim como não consegue se libertar totalmente da forma de narração (Beckett sem dúvida caminhou mais nesse esforço, embora provavelmente não fosse possível; ir adiante seria resmungar incompreensivelmente). Ninguém nos tempos antigos pôde escrever uma opereta chamada "Opereta", como Gombrowicz; esta também – como a maioria de suas criações – era literatura que não aponta para si mesma: eu sou literatura.

Nesse mesmo espírito, desenvolvia-se a arte da pintura a partir da metade do século XIX. A tela falava cada vez mais frequentemente ao observador: eu não recrio a catedral de Rouen ou os nenúfares na água para que vocês se iludam que é o que veem – eu sou um quadro. Alguns inclusive retiravam as suas teorias, dizendo que aos pintores sempre interessa a justaposição de cores mentais, e não a imitação da realidade: esta não é, de fato, a mãe de Rembrandt; não é, na verdade, uma paisagem de Delft; trata-se de provas de combinações de cores, cujo lado representado ("anedota", como diziam, ou "literatura") é ocasional ou irrelevante, assim como se uma parte do conteúdo do quadro fosse, na realidade, uma máscara enganadora, e a verdade, a pura "qualidade de pintura". Para nós, laicos, seguramente é difícil acreditar nisso, mas pode ser que no passado tenha havido tentativas desse tipo. Aparece uma suposição – digo isso com certa hesitação, porque pode ser que os conhecedores da história da arte riam-se de mim – de que um dos mais famosos quadros de arte, *As Meninas*, de Velásquez, justamente nos diga: eu sou um quadro, uma tela. Pode ser que esse motivo já existia para os protossurrealistas do século XVI, como Bosch ou Arcimboldi.

Pode ainda haver outras tentativas para retirar a máscara, para se desligar da alegada mentira da arte. Na margem sul do Tâmisa, em Londres, temos um grande centro cultural, onde se localizam teatros, galerias de arte, museus. Só que sob o ponto de vista arquitetônico é uma obra repulsiva, um tumor na pele da cidade: de fora, parece um sombrio *bunker*; dentro, é como uma sala de espera de uma estação de trens. É uma coisa tão feia que cheguei à conclusão de que devia ter sido construído segundo alguma ideologia. Perguntei a um conhecedor da área, que confirmou: sim, essa foi a criação inspirada na ideologia do seguinte teor: "a vida é feia, portanto a arquitetura deveria ser feia" ("turpismo").

Essa estonteante feiura aparentemente não é uma raridade, como se poderia pensar. Àquele que pensa que na vida não deveria haver máscaras, porque elas espalham a mentira, um quadro falso do mundo, façamos uma pergunta direta: será que todos os tratamentos que faz uma mulher para revelar ou realçar a sua beleza com ajuda de batom, corte adequado e penteado do cabelo, traje elegante, enfeites etc. são o mesmo que colocar uma máscara e, portanto, uma fraude digna de castigo? Alguns concordarão. Caso se considere isso mentira, então mentira é tudo que fazemos diferente da forma "natural". Deveríamos viver como Diógenes de Sínope, o qual não só criticava todos os enfeites, não só desprezava a arte (dizia que as coisas muito valiosas, como o trigo, são vendidas barato, e que as desnecessárias, como dotes, muito caro), não só queria que restringíssemos nossas necessidades àquilo que é indispensável, como também considerava adequado que diferentes necessidades naturais fossem atendidas publicamente. Ao mesmo tempo, para viver, mendigava entre conhecidos, embora não esteja claro se também acreditava que esse modo de vida estivesse de acordo com a natureza.

Não creio que eu seja estranho ou um exemplo de uma rara paranoia quando digo que prefiro as moças que cuidam de sua beleza e que se vestem de forma bonita a intencionalmente se enfear e se desfigurar com cores insuportáveis e panos soltos e sem forma, como acontece. Outra moda, e igualmente feia, existiu nos anos 60, e pretendia ser um reflexo da revolta contra a burguesia, as elites, o *establishment* – professores universitários, técnicos e pessoas que em geral sabiam de algo. No final, na alegada revolta contra a máscara, o que se quer é a crítica da cultura. Toda cultura é, afinal, uma massa infinita de esforços que objetivam escapar da tirania da natureza, subjugá-la, limitar o seu poder, criar outro mundo. Caso acreditássemos nos sonhos infantis do retorno à natureza, de uma vida de acordo com a natureza, não só não teríamos a arte e os enfeites, como também a medicina e todo o fundamento técnico no qual se baseia a nossa vida. Desde o momento em que a humanidade deixou a civilização coletora-caçadora, começou a cultivar os campos, construir casas e usar o fogo, gradualmente saiu de sob o poder da natureza. Nesse momento também começou a pensar abstratamente, a cultivar a pintura e a poesia, a viver nos mitos, a criar ferramentas. Será que, como consequência desses processos, nós nos tornamos não naturais, mascarados, mentimos para nós e os outros, não sabemos mostrar a verdadeira face? Não. Não há razão para dizer que a nossa "verdade" é a nossa natureza animal, e que a humanidade, como normalmente a compreendemos, é uma degeneração, um autoengano voluntário. A máscara pode ir-se colando ao rosto, de forma que não se podem diferenciá-los, e a expressão "rosto falso" perde o sentido. Realmente, com frequência nos mascaramos na vida, quer dizer, não revelamos aos outros tudo aquilo que sentimos, pensamos, desejamos. Em grande parte, é uma salvação; caso revelássemos, sem pensar, imediatamente tudo que nos vem à mente ou ao coração na vida diária, viveríamos no barbarismo, fora da cultura. A "verdade", como disse Heidegger, segundo a etimologia grega (portanto, verdade) significa o mesmo que "o descobrimento", então, absolutamente, não resulta desse pensamento que temos de viver descobertos, ou seja, nus. Pode-se dizer que todos nós, já que vivemos em meio a pessoas e fazemos algo, inserimo-nos em algum papel (imposto pelo destino ou voluntariamente escolhido; tanto faz), então disso não resulta que esses papéis sejam máscaras, atrás das quais se esconde a nossa "verdadeira" natureza. O desconforto de Freud com a cultura, ou seja, com a nossa não animalidade, pode ser irritante, mas graças a esse desconforto somos pessoas. A expressão desse desconforto é certamente, entre outros, o gosto pelas máscaras, mas de certo tipo: máscaras carnavalescas, as quais também não devem fazer com que tenhamos aos olhos de outros uma outra individualidade, mas podem expressar nosso desejo – nunca amainado – desamparado, e até mesmo inconsciente, de ser algo diferente, motivado pelo sentimento de desconforto na própria roupa, modelada pela cultura.

As máscaras, portanto, não escondem verdadeiramente a nossa natureza (se deixarmos de lado as balaclavas usadas por terroristas em ação), no sentido implícito de que, talvez, pudéssemos nos livrar delas. Não podemos, e essa natureza, da qual temos saudade, também não existe mais. A máscara grudou na face.

Sobre o inimigo e o amigo

Nesse assunto o que me interessa em especial é a assimetria dessas duas eternamente vivas manifestações da vida humana. Será verdade que ninguém quer ter inimigos, e que cada um quer ter amigos, como seria a fé na simetria dessas duas categorias? Não, não creio. Os inimigos são, por vezes, tão necessários, que a vida sem eles não parece possível; são uma condição desejada de permanência. É mais fácil de ver isso no caso de criações coletivas, países, impérios, tribos, mas também em muitos exemplos individuais podemos acompanhar o tema. O inimigo é útil para a construção da identidade da tribo, mas não é necessário. Entretanto, é indispensável para diversas formas de tirania. Quanto mais poder certo regime ou governo quer ter sobre as pessoas, tanto mais precisa de inimigos, que o querem destruir, e um regime totalitário sem inimigos não sobreviveria por muito tempo. São necessárias as guerras, que dão o melhor motivo para perpetuar os governos tirânicos, especialmente aquelas nas quais o país totalitário tem grandes chances de vitória, pois essas não se têm à mão. Sempre há, porém, outros meios e métodos, como as ameaças e pretensões contra os vizinhos, os quais, por alguma razão, não querem reconhecer nossas justas reclamações territoriais; no entanto, mais do que tudo, é necessária a permanente presença de inimigos internos, tipicamente incitados e pagos por forças internas inimigas. Os regimes comunistas e fascistas precisavam constantemente procurar inimigos, sobre os quais podiam dirigir as suas agressões, e eles próprios produziam esses inimigos em campanhas seguidas, limpezas e assassinatos; às vezes os inimigos eram verdadeiros; em outras ocasiões, eram criados artificialmente. A agressão era essencial tanto para mobilizar a multidão, convencendo-a de que o inimigo era o causador de todas as infelicidades e problemas, como também para ter um motivo para um contínuo crescimento das ferramentas de opressão do governo. O regime hitlerista precisava essencialmente de judeus, bolcheviques, plutocratas, aristocratas, desmoralizadores, imperialistas britânicos ou franceses, da mesma forma que o regime bolchevista precisava de trotskistas, cidadãos de Kułaków, direitistas, sabotadores na indústria e também judeus, imperialistas e seus agentes, nacionalistas ucranianos ou tártaros.

O inimigo não é um concorrente que se interessa pelos mesmos bens que nós; não é também um oponente tal qual em competições esportivas, nas quais cada equipe quer se mostrar melhor que a outra. O inimigo não deve ser vencido no trabalho, mas destruído, apagado da face da Terra; não pode haver piedade por ele (no dicionário do idioma russo dos tempos stalinistas o esclarecimento fraseológico da palavra "piedade" era o seguinte: "não há piedade para os inimigos do povo"). Na luta contra o inimigo não se tem que respeitar nenhuma regra nem quaisquer limitações (na guerra alemã-soviética, os prisioneiros eram assassinados em massa, de ambos os lados, e também o antigo inimigo era recrutado para trabalho). Certamente a concorrência, mesmo entre indivíduos, para os quais o oponente é real e não inventado por outras razões, pode também, mas não precisa, transformar-se em inimizade verdadeira; assim acontece em rivalidades amorosas, e até em divertimentos tão inocentes quanto um jogo de xadrez.

Entretanto, o que me interessa são esses inimigos que não são, por assim dizer, algo circunstancial, mas necessário para a vida. Vemos que várias pessoas necessitam de inimigos para descarregar sobre eles uma agressão motivada pela frustração. A vida de ninguém no mundo, afinal, é um caminho de sucessos e objetivos bem-sucedidos, cada uma marcada por lutas, esperanças frustradas, esforços inúteis. É muito útil que algum outro seja responsável pelos meus insucessos. Para isso, em muitos casos, servem as pessoas próximas, sobre as quais se descarrega a frustração, às vezes porque outros nos feriram, apertaram, enganaram, cortaram nossas asas etc. Reconhecer que nossas próprias fraquezas foram as culpadas é armar um golpe contra nós mesmos. É difícil também trazer à consciência que as circunstâncias casuais nos infelicitaram ou que nossas tentativas fracassaram, e não a má vontade de outros; não é qualquer um que é capaz da afirmação estoica da realidade, tal como é, porque é. Precisamos necessariamente de forças inimigas, raivosas e com intenções vis armadas contra nós, para que não façamos uma autoagressão. Do ponto de vista psicológico, o inimigo é, pois, uma boa descoberta de autopreservação. Obviamente existem inimizades reais, provocadas por mil causas; neste momento, no entanto, o que me interessa são as vantagens da inimizade, verdadeira ou imaginada, e não a diferença entre uma e outra.

Em todos os conflitos políticos, as vantagens de um inimigo podem ser inúmeras, mas existem reais diferenças de nível. Vemos, diariamente, que os mais primitivos, os mais negros movimentos ou partidos políticos falam incessantemente sobre conspirações dirigidas contra a nação ou o país, e nisso se exaure a sua força ideológica. Essas conspirações são inventadas de formas diferentes em diversos países: não raro são os judeus ou judeus-maçons, ou os liberais, ou os comuno-liberais (sim, isso também acontece: não há buraco fundo o suficiente para a estupidez), ou, enfim, os imigrantes. Em todos os lugares existem grandes dificuldades e segmentos da população que se sentem prejudicados. É bom se obter apoio na base do grito, que vai colocar a culpa do fracasso, do problema em um "outro" qualquer, o qual não é uma criatura não completamente humana.

A necessidade de inimigos não é assim universal, mas é frequente. Será que é universal a necessidade de amigos? Acho que também não. É possível viver sem amigos – conhecemos gente assim. Nesse caso também existem diversas circunstâncias. O caso mais banal é aquele das pessoas que não conseguem ter amigos porque são insuportáveis e todos as evitam. Um caso frequente, mas menos banal, é o dos que têm medo de ter amigos, porque fazer amizade com alguém significa pôr um peso sobre si, já que o amigo pode nos pedir algum apoio e nós já temos muitas responsabilidades perante nós mesmos; essas pessoas costumam se queixar da injustiça do mundo, embora sejam elas mesmas as culpadas pelo fato de ser difícil esperar ajuda amiga de alguém. Outros evitam as amizades porque têm medo de serem forçados, pela maior intimidade, a se abrir mais para a outra pessoa do que gostariam; de que o amigo exigirá maior envolvimento ("você pensa que ela o ama verdadeiramente?", "o que você vê nela?" etc.); ou então de que tentará influenciar demais a sua vida, fazendo, com boa intenção, sugestões amigas em demasia que não são desejadas e ofendendo-se caso essas sugestões não sejam seguidas.

Essas dificuldades acontecem de fato: às vezes, o amigo – verdadeiro, não fingido – mostra de vez em quando uma grande inclinação para controlar as questões da outra pessoa, ou inspeciona os assuntos em maior detalhe do que o outro gostaria. Tudo isso, é claro, depende do grau de interferência, e então pode surgir alguma coisa nesses contatos, nos quais a amizade se rompe ou deteriora. É desnecessário comentar que o tato é tão indispensável nas relações de amizade quanto em outras.

Se quisermos usar regras de justiça com outra pessoa, não podemos ser amigos dela, porque é preciso então se retirar para as regras abstratas gerais, cujo cumprimento se exige de todos, e a amizade não precisa de regras nem condições. Fazemos amizade com as pessoas espontaneamente, quase sem perceber, e absolutamente não temos que, ou até não podemos, pensar se o outro "merece" a nossa amizade; não se obtém o merecimento de uma amizade com um estranho no mesmo sentido em que se merece ganhar uma medalha por bravura na guerra, ou uma boa nota em um exame. Quando alguém é meu amigo não tenho que prestar contas, explicar o porquê, argumentar. A amizade, por definição, exige reciprocidade e ausência de cálculos, e, repito, não determina regras de justiça; até as exclui. Será que existe aquele que tem amigos verdadeiros e declara explicitamente que, em suas relações com eles, nunca descumpriu a regra da imparcialidade, nunca se comportou de forma a apoiar o amigo e tomar partido a seu favor e sempre decidiu de forma justa? Caso alguém sempre opte por tomar partido, ou tente fazê-lo, este, seguramente, não tem amigos verdadeiros.

É banal e real que as relações de amizade com outras pessoas sejam diferenciadas não só quanto ao nível, mas também quanto ao tipo, ou seja, os vários aspectos de nosso contato são desdobrados em função da intensidade e da variedade dos nossos interesses no mundo. A amizade entre um homem e uma mulher (na qual não exista nenhum lado erótico – os desconfiados garantem que sempre há, mas é mentira) é diferente da de dois homens; porque os homens são acostumados a demonstrar que são cínicos, mas as mulheres não; então, entre ambos, homem e mulher, é mais fácil quando há amizade, uma vez que se tem entendimento sem fingimento.

Acontece de ouvirmos alguma história (sobre um amigo) que não só é ruim, como também vergonhosa; provavelmente é normal e adequado que não acreditemos nessa história sem pensar – afinal, quantas fofocas falsas existem? –, mas queremos, em primeiro lugar, verificar, e, mesmo quando verificamos que ela é verdadeira, buscamos circunstâncias atenuantes, alguns esclarecimentos adicionais que permitam ver a questão de outra forma, ou seja, buscamos uma inocência parcial. Assim realmente deve ser; não tentemos ser juízes sem falhas, seguidores rígidos de um código.

A amizade verdadeira se destaca pelo fato de que se mantém quase intocada ao longo do tempo; quantas vezes aconteceu, neste nosso século nômade, reencontrar um amigo depois de anos, e logo a amizade e o entendimento retornarem, como se os anos não tivessem passado, como se a amizade fosse resistente ao tempo?!

Com amigos se pode ter opiniões diferentes, mas não sem restrições. Em um mundo tão cheio de lutas políticas como o nosso, as diferenças políticas entre amigos são possíveis sem que afetem a amizade, mas só dentro de certos limites. Diferenças muito drásticas impossibilitam a amizade, mas isso também não tem muita importância, porque é quase impossível que vivamos em amizade com alguém que de repente aparece como seguidor de alguma doutrina ou fé política que nós acreditamos ser horrível e desumana. Como a minha posição política é, por definição, verdadeira, desvios dessa verdade entre amigos podem ser tolerados sem dano à amizade somente dentro de certos limites.

A pergunta "será que a amizade realmente existe?" pode parecer tola; notemos, entretanto, que as pessoas claramente não tolas responderam a ela negando, por garantir que todos os nossos comportamentos e sentimentos são guiados pelo desejo de poder sobre os outros e seu uso a nosso favor, e que, portanto, a amizade não passa de um dos incontáveis meios de anulação da outra pessoa. Podemos ler algo sobre essas sugestões nas obras iniciais de Sartre, e, às vezes, nos psicanalistas. Essa é uma ideologia antropológica, que leva à conclusão de que não se pode de fato diversificar os comportamentos e sentimentos humanos porque, em todos, o tema é o mesmo, de uma forma mais ou menos mascarada. Declaro que essa é uma doutrina tola, abalada pela experiência diária de cada um de nós, aqueles que sabem o que é amizade. Então tomarei coragem para declarar em público a incrível descoberta: sim, a amizade existe.

Embora não possamos, é claro, ser amigos de todos, podemos ter tal relação com o mundo, nos encontros com outras pessoas, inicialmente desconhecidas, pelas quais alimentamos um pensamento positivo que pode ser rapidamente arruinado com a experiência, mas que em suma ajuda a vida, mesmo que às vezes nos exponha a perdas.

É claro que existem pessoas que, por vários motivos, não são capazes de amizade, nem sabem o que ela é; são, no entanto, muito infelizes, mesmo que escondam esse fato de si próprias.

A democracia é contrária à natureza

Ao dizer que a democracia é contrária à natureza, não tenho em mente o sentido banal dessa frase; não estou dizendo que, pelo que sabemos, os pássaros não conhecem a democracia, nem os gatos ou as bactérias; nem que a natureza humana, se eu puder falar dela, tende ao uso da força mais do que da negociação em casos de conflito. Ao dizer que a democracia é contrária à natureza, quero colocar resumidamente a suposição de que essas instituições humanas, que nascem espontaneamente, sem planejamento, não só não criam a democracia, como se apoiam nela de uma forma reativa.

A democracia é uma ferramenta que canaliza os conflitos entre os humanos e possibilita a sua solução – às vezes, os faz desaparecer; outras, os enfraquecem – sem o uso da força. O uso dessa ferramenta deixa implícito que ela é útil e que renunciar a ela, ou seja, usar a tirania, trará muito mais infelicidades e sofrimentos; além disso, não exige nenhum tipo de doutrina ou ideologia para agir.

Provavelmente conseguirei um acordo quanto ao fato de que existem três componentes da democracia.

Em primeiro lugar, os mecanismos, graças aos quais o significado e a influência das elites políticas na vida coletiva são basicamente proporcionais ao apoio que eles têm da população.

Em segundo lugar, uma legislação que realmente funcione, ou seja, que haja lei e ordem, e mecanismos tais, com os quais as pessoas conheçam as leis importantes que têm para seguir, saibam o que é e o que não é permitido e obrigatório, e, então, essas regras funcionam de uma forma previsível, e a lei é independente do poder executivo. A lei e a ordem não são, na verdade, logicamente estabelecidas no primeiro componente, mas, empiricamente, estão ligadas a ele. Caso a ordem legal seja caótica, caso o direito não funcione, se o cidadão não sabe o que esperar das atividades das elites, o próprio sistema de escolha dessas elites deve rapidamente cair. A própria instituição eleitoral cairá ou será somente uma paródia de si mesma, sem o governo da lei, em que os governantes não precisam escutá-la. Existem para isso inúmeros exemplos.

Em terceiro lugar, certas leis cidadãs básicas, particularmente o direito do pronunciamento público das próprias opiniões, o direito do livre ir e vir pelo país, o direito de aquisição de propriedade e proteção contra o confisco arbitrário, o direito de defesa de prisão voluntária e de torturas, o direito de seguir qualquer religião ou nenhuma, o direito à privacidade, além, entre outros, do direito de comportamentos sexuais livres, caso não haja violência, abuso de crianças e incesto. A lista desses direitos é indubitavelmente uma questão de discussão; é preciso lembrar-se de que é fácil imaginar (ou demonstrar) um sistema de lei e ordem no qual o direito é previsível e executado, mas as pessoas têm a força da lei, por exemplo em casos de mortos por adultério ou pelo abandono da religião do país, como acontece em alguns países do Islã, ou em outros forçados à prática de segregação racial. A liberdade de palavra é, obviamente, a condição para o funcionamento dos mecanismos da democracia política.

Existem duas grandes formas de vida humana que, de maneira figurada, podem-se chamar de arte da natureza, especialmente porque não são planejadas, mas surgem espontaneamente: a sobrevivência étnica (de um país ou de uma tribo) e a religião. A democracia ameaça ambas – que tentam se defender dessa ameaça. Neste instante, falamos só da primeira.

A nação, como cada criação da natureza, carrega em si o impulso de autopreservação (*conatus ad suum esse conservandum*): quero perdurar e quero ser forte. A democracia é uma organização que diferencia as pessoas segundo a idade (somente depois de certa idade adquirem-se certos direitos), mas não de acordo com critérios étnicos: isso frente à nacionalidade é indiferente. A democracia organiza o país, mas a nação gostaria que o país fosse a sua ferramenta; entretanto, o país democrático não é uma ferramenta da nação, mas da comunidade de cidadãos. Disso a nação não gosta. A nação não é necessariamente inimiga de todas as outras nações – embora na Europa, e não tratando-se da África e da Ásia, seja difícil achar nações que, sendo vizinhas entre si, não tenham uma longa história de conflitos e lutas –; porém, instintivamente, não gosta de nações que habitam o "seu" território, como as minorias étnicas. Para a democracia, as minorias étnicas são, na realidade, irrelevantes, ou melhor, são notadas em função da relação com a nação que causa um grande problema. A nação imagina que recebeu de Deus ou da natureza os seus territórios, e outras pessoas podem viver nesses territórios, caso não sejam muitas, mas só como um favor, que pode ser revogado a qualquer momento. A nação pensa que as minorias a roubam porque, às vezes, têm certos bens, mas todos esses bens pertencem à nação. Dessa maneira, diversas instituições democráticas ameaçam a nação por exigir igualdade dos cidadãos na vida política e na escolha dos órgãos de poder, direito igual de aquisição de propriedades, e também direito à palavra, uma vez que a palavra pode ser, e tem sido, usada para ridicularizar a nação ou a sua fé em si mesma, sendo atrelada a essa atividade, em grande medida, pelas pessoas educadas; os educados estão muito mais expostos que os ignorantes à cultura de outras nações e são, portanto, mais inclinados aos sistemas cosmopolitas. A nação exige censura. A democracia enfraquece a nação, e esta, como cada ser, coletivo ou individual, não gosta de estar enfraquecida. A nação não precisa ter ideologia, na possibilidade de que só sua existência lhe baste, mas a cria com grande facilidade quando é necessária, e, usualmente, ela é necessária.

É fácil, entretanto, colocar o objeto contra um artigo tão esquematizado. "Como é, então", pode-se perguntar, "que não tivemos, nas histórias de nossa longa coexistência, sem assassinatos, massacres e guerras, várias nacionalidades no território comum, seja na Polônia ou na Grã-Bretanha? E seria verdade que a nação, pelo fato de existir, cria ideologias nacionalistas negativas, envenenadas com ódio? Será que existem muitas pessoas que se reconhecem como parte de uma etnia e são verdadeiras patriotas, e não são, em absoluto, inimigas de outras nações — menos ainda inimigas da democracia? E será que a Europa não se lembra do ano 1848, quando o princípio democrático e o princípio nacional atuavam em conjunto e se apoiavam?".

Para todas essas perguntas existe resposta: sim, conhecemos períodos de boa coexistência; não, a existência da nação por si só não cria nacionalismos automaticamente; sim, muitas pessoas gostam tanto de sua nação quanto da democracia; sim, as instituições democráticas são firmemente enraizadas em países nacionalistas; sim, houve o ano 1848.

Tudo isso é verdade, mas mesmo assim não podemos nos satisfazer com essa conclusão inteligente: uma vez é assim, outra vez é de outro jeito. Continuo a afirmar que a democracia ameaça a nação e que a nação ameaça a democracia (favor observar que não estou dizendo "nação polonesa", ou "nação francesa", ou "nação judaica", e que também não digo "cada nação"; digo "nação" – considero somente a essência de uma nação, de forma aristotélica, e não as suas manifestações em termos empíricos, as quais se podem "generalizar" posteriormente).

A busca da autoconfirmação nacional e da construção da ordem democrática são correlacionadas positivamente no lugar onde a nação está escravizada por um poder estranho, onde não pode expressar as suas aspirações e onde as instituições democráticas estão destruídas. Esse foi o caso dos protetorados soviéticos na Europa: a simultânea perda de ambas as formas de não independência é a solução mais útil. Contudo, alguns países africanos livraram-se de seus colonizadores e estabeleceram governos tirânicos de caciques locais, muito mais pesados para a população que os governos dos chefes europeus; o mesmo ocorreu com algumas repúblicas da Ásia central, em relação a recentes colônias soviéticas. O poder despótico em um país independente é claramente possível, e em um país não independente é necessário, caso a não independência seja imposta.

Em quase todos os países existem movimentos radical--nacionalistas que odeiam "estrangeiros" – disso todos sabem. Trata-se de movimentos de força variada e, geralmente, representam uma pequena parte da população (parece que os mais fortes estão atualmente na Rússia). Pode-se, entretanto, perguntar se consideramos iguais: os anarquistas futebolísticos ingleses; os anarquistas alemães incendiários de casas habitadas por turcos; terroristas da Irlanda do Norte, que nunca desistiram do terror; os furiosos "verdadeiros poloneses", os quais ordenam a alguns idiotas que escrevam nos muros "ao gás, os judeus"; extremistas judeus prontos para o terror, para realizar o seu sonho da "grande Israel" com o custo do extermínio ou da expulsão dos palestinos etc. Com tudo isso, por que então teríamos de considerar todas essas doenças como uma expressão de "ideia nacionalista" ou "princípio nacionalista", ou até da existência nacional, já que é sabido que se trata geralmente de grupinhos quase fascistas, que agem onde estão as instituições democráticas, as quais a maioria da população, absolutamente, não quer destruir?

Esta é, na verdade, a pergunta central dessas considerações, e a resposta, como eu a imagino, é esta: Não, não há motivo – valha--me Deus! – para considerar esses grupos de canalhas fanáticos o verdadeiro sentido da existência nacional. É claro que, se por alguma razão a força deles aumentar, serão uma infelicidade não só para a democracia, como também para os interesses da nação. Eles são não só um tumor patológico, como uma verdadeira aberração da nação, no caso de se sentir ameaçada, às vezes pela democracia, e outras, por demais circunstâncias. Nunca se sabe de imediato quando e em que condições podem crescer até tamanhos monstruosos, portanto isso não pode ser descartado; a história da Europa em nosso século nos dá muitos exemplos dessa ordem.

Então o sentimento de ameaça aparece não só em face de guerras e invasões. Temos um simples exemplo: nas décadas do pós-guerra, as autoridades soviéticas popularizaram a Estônia e a Letônia com um número cada vez maior de russos, na expectativa de que essas pequenas nações se desintegrassem e desaparecessem em meio à multidão russa. Essa era uma política objetiva, diante da qual os países bálticos se encontraram, após a queda do império, com uma massa de pessoas não desejada e imposta. Não se chegou, por sorte, a relocações em massa; porém, se os estonianos requeressem que os russos, no momento da conquista da cidadania plena, aprendessem o idioma estoniano, seria possível considerar essa exigência uma insuportável extravagância nacionalista? Os estrangeiros que se instalam na Grã-Bretanha não precisam ser convencidos ou forçados a aprender a falar inglês: sabem sozinhos que isso é essencial, e, se os russos na Estônia não têm vontade de estudar a língua local, então estão dando evidências de que continuam escravos de seus sonhos imperialistas.

E o que dizer do Tibete, ocupado pela China, que é a sede de uma das mais antigas culturas vivas, onde certamente o número de chineses enviados pelo governo já é muito maior que a população local? O governo despótico de Pequim seguramente poderia arranjar um referendo com facilidade, no qual a maioria da população do Tibete responderia entusiasticamente a favor da ocupação chinesa. Seria esse um exemplo de uma autodeterminação ou de uma autodefinição?

Pode-se ver por meio desses simples exemplos como tem duplo sentido a questão da autodeterminação nacional no nosso século, e quanto os longos anos de vida de um sistema tirânico podem transformar essa autodeterminação em uma paródia.

Quando então eu digo que a democracia é contrária à natureza, não quero absolutamente dizer que se possa daí concluir que a democracia tem razão, ou que a natureza tem razão. Nem um nem outro dito é correto sem certas limitações. Normalmente, a democracia, no sentido do interesse da maioria, tem razão; entretanto, de acordo com os exemplos dados, nem sempre, pois, por exemplo, quando a democracia vem depois de uma longa tirania, a razão pode estar no princípio nacional, e não na democracia.

Olhemos então em ambos os sentidos. A nação como uma obra natural existe e tem o direito de existir: similarmente, a pessoa individual existe e tem o direito de existir; outras razões não são necessárias. A nação, quando se sente ameaçada, produz anticorpos protetores, que podem ser agressivos e contrários à ordem democrática. Não se pode, todavia, concluir por esse motivo que haja algo mau na própria existência da nação, e que no final seria melhor que as instituições democráticas erradicassem as forças nacionais irracionais. Não; a nação é a energia criadora da alma humana, uma bela descoberta da natureza e do Senhor Deus e, graças a essa descoberta, a humanidade é um grupo diversificado e, pela diversificação, pleno de energia. Elogiemos a quantidade, elogiemos as diferenças. Não vale a pena lamentar-se pelo fato de que as regras, que são ativas na vida coletiva, briguem entre si, ainda que essa briga esteja cheia de terríveis perigos; nada podemos fazer quanto a isso.

Muitas pessoas hoje avaliam como tudo isso acontece e por quê, juntamente com a "globalização" no mundo, com o movimento para a unificação da Europa, com todas as forças cosmopolitas – às vezes assassinas –; dessas circunstâncias, crescem os nacionalismos e separatismos. De toda forma, é certo que as pessoas não querem viver em um mundo sem nações, que necessitam de uma casa étnica ou tribal à qual pertençam, que às vezes ficam em desespero quando veem ou julgam que alguém quer tomar as suas casas, mesmo que pacificamente, sem violência nem guerra, e que alguns são capazes de usar armas terroristas para demonstrar a sua não aceitação. Existem no mundo não só muitas instituições multi e supranacionais, mas muitas pessoas que atuam em um ambiente multi ou supranacional e se sentem bem com isso. Às vezes, parece que a "globalização" política e administrativa mover-se-á inevitavelmente para a frente, mesmo que seja como resultado das ferramentas da informação e da comunicação de seu caráter irreversível; em outros momentos, temos novamente a impressão de que, ao contrário, os nacionalismos têm bastante força para empurrar a humanidade para novas guerras e carnificinas (o que de fato ocorre, por enquanto numa escala local), e para derrubar as superestruturas cosmopolitas. Um e outro são imagináveis. É portanto necessária – moral trivial da questão neste caso – uma atenta análise de sinais, mesmo que dissonantes, dos lados controlados pelas paixões nacionais, assim como o controle dessas paixões com pulso forte pelas instituições da democracia; é possível que em casos particularmente perigosos sejam utilizadas para esse fim ferramentas cuja legitimidade democrática seja duvidosa, ou até coisa pior.

Minhas profecias sobre o tema do futuro da religião e da filosofia

Depois de Gagarin, o cosmonauta soviético Titow, quando voltou de suas viagens, declarou claramente à humanidade que, flutuando em longínquos espaços, não viu Deus, e propôs que sua viagem e seus testemunhos fossem aproveitados para alimentar o ateísmo científico. Essa declaração poderia fazer rir por sua ingenuidade infantil – como se, antes de sua viagem, alguém esperasse que outro, tão logo se afastasse um pouco da Terra, pudesse ver no espaço um velhinho de barba grisalha chamando: "Eu, pessoalmente, sou o Senhor Deus e ditei a Bíblia!".
É possível, entretanto, não se livrar tão rápido das coisas. O cosmonauta, em sua fala simplória, expressou algo que outras pessoas, inclusive os ateus, como às vezes os crentes em Deus, expressam de outra forma, dizendo que não há e não pode haver testemunhos empíricos quanto à realidade de Deus. Ao considerar essa objeção, deve-se pensar o que realmente é tido como testemunho empírico, já que aparecem, além de qualquer dúvida, experiências místicas ou quase místicas que asseguram a quem

as experimenta que são contatos com o divino. Mas essas não são experiências "comprovadas publicamente" ou repetidas de modo voluntário, não sendo, portanto, capazes de convencer os outros.

Não podemos imaginar acontecimentos tão extraordinários que, com sua manifestação, fizessem com que ninguém negasse a existência de Deus; o cético sempre teria seus argumentos. Sempre haverá espaço para a falta de fé e sempre foi assim, como sabemos do salmista ("O louco disse em seu coração: não existe Deus", Salmo 14:1). Isso que deriva das especulações cosmológicas é convincente para muitos, mas não é cativante.

Portanto, é de esperar que sempre haverá razões suficientes para os crentes e os não crentes, ou – falando como Pascal – muita luz, para iluminar os eleitos de Deus e para eliminar a desculpa dos condenados, mas também muita escuridão, para humilhar os primeiros e cegar os outros.

Uns e outros podem ser inocentes aos próprios olhos, justamente porque têm as suas razões, embora mal-arranjadas e pouco pensadas. A confiança popular na credibilidade e na força da ciência, que nos fornece várias riquezas, deveria, aparentemente, com a hierarquia que reina hoje em dia, participar dos bens de Deus; Deus pode fornecer alimento espiritual às pessoas, mas não dá dinheiro, não constrói casas, e, se faz algo assim, é de forma invisível (mas devemos lembrar o famoso início do Salmo 27: "Caso o Senhor não construa a casa, trabalharam à toa aqueles que a constroem"). Enquanto isso, Deus não morreu, e até existem evidências de que está juntando forças. Isso não destrói a autoestima dos racionalistas-assassinos fracassados, já que sempre têm uma boa explicação: as pessoas são idiotas.

Então, quais profecias temos quanto à questão do futuro da religião? Seguramente, a vida religiosa continuará, não necessariamente pelos mesmos trilhos, não necessariamente por meio das formas institucionais existentes. Isso depende, pelo menos nas áreas tradicionalmente cristãs, da vitalidade que carregam em si, com a qual semeiam os continuadores da fé, em particular os padres, com sua habilidade e a força da palavra que utilizam para ensinar os fiéis, atingir as consciências e disseminar histórias inspiradoras. Caso a palavra dos padres pareça estéril para o povo, os padres são culpados; não o povo. Caso a vida religiosa se resuma à organização das necessidades e emoções sociais, políticas, nacionais e até morais, poderá perdurar por algum tempo, mas, ao final, se arruinará ou cederá o campo para outras formas de religião. Se a Europa fosse tomada pelo budismo ou pelo hinduísmo, pelos batistas ou testemunhas de Jeová, ou mórmons, os padres cristãos seriam os culpados; os padres demonstrariam ser pessoas de pouca fé.

Vamos repetir um fato conhecido, mas pouco lembrado pelos ideólogos do racionalismo: a religião, embora se manifeste na imagem do *credo*, não é um conjunto de afirmações que pretende deter o confronto com os instrumentos de investigação na física e na biologia. A fé religiosa é uma expressão da confiança para a vida e um sentimento sobre o sentido do mundo, o sentido da existência. Por isso não desaparecerá, ao contrário das previsões dos profetas racionalistas. Teve, e continua tendo, ainda que com intensidade reduzida, as suas formas de expressão bárbaras ou assassinas. A busca da segurança espiritual pode se transformar em um espetáculo genocida, seja essa uma segurança religiosa, seja antirreligiosa.

A Europa de nosso tempo não é absolutamente o único exemplo na história onde se observa a perda do espírito religioso. Houve períodos de perda e períodos de retorno, tempos de confusão e caos, tempos de descida às catacumbas e tempos de unidade religiosa, forçada tiranicamente. Essas mudanças e variações foram visíveis inclusive durante meu tempo de vida. A religião, todavia, não morre porque não tem como morrer. As previsões quanto a seu futuro serão necessariamente genéricas e pouco precisas.

Quando por algum tempo se observa uma tendência constante de mudanças, a ilusão de que tudo permanecerá assim se faz bastante natural, mas, geralmente, é falsa. Não muito tempo atrás, poderia se supor que o comunismo engoliria todo o mundo. Em um dado momento, era natural pensar, como observou Renan, que o mitraísmo se tornaria a religião dominante dos césares romanos. Quando acompanhamos por vários anos o número crescente de chacinas executadas em algum país, nada é mais fácil do que calcular, por extrapolação, quando o último habitante desse país será morto por criminosos.

A vida religiosa também não pode ser detida em relação a seus ensinamentos ou mandamentos morais, já que o sentido de todos os mandamentos religiosos está indissoluvelmente integrado com a sua raiz nas fontes divinas do ser; os mandamentos podem também perdurar por algum tempo, mas devem se tornar cada vez mais duvidosos, frágeis, arbitrários; essa é uma questão antropológica, e não lógica.

Agora, quais profecias se podem conjeturar quanto aos destinos do pensamento filosófico? Como se sabe, há centenas de anos já se previa que a filosofia rapidamente morreria ou anunciavam que a morte havia acontecido (em meio a muitas dessas afirmações pode-se acrescentar uma, proveniente dos anos imediatamente seguintes à revolução na Rússia, em um artigo com o título de "Fora, filosofia!": o autor dizia que os feudalistas se serviam da religião, a burguesia, da filosofia, mas o proletariado, somente da ciência; a ciência havia incorporado todas as funções do pensamento). Todas essas profecias se cumpriram da mesma forma, mais ou menos como as profecias das seitas quiliásticas em relação à data específica do fim do mundo. Embora as profecias referentes à filosofia não marcassem data para o fim, ainda assim, eram bastante definitivas em seus anúncios, e a falha em cumpri-los não afetava a segurança nem o autocontentamento dos profetas; sempre, afinal, temos a mesma explicação científica para a falha do cumprimento das profecias: as pessoas são burras.

O pensamento filosófico ganha forças e se modifica graças aos esforços dos grandes filósofos, os quais aparecem inesperadamente, por acaso ou por decisão divina ou do demônio, o que não é possível programar. Todos os que existiram já morreram, e quando vão aparecer outros novos não se sabe. Alguns dos grandes de nosso século foram: Husserl, Bergson, Wittgenstein, Heidegger, Jaspers; ao lado deles, dezenas e centenas de cérebros destacados, excelentes, mas sem características de grandeza: Russell, Popper, Whitehead, por exemplo. Assim como em outros campos da vida mental, também na filosofia a dispersão é indefensável, deprimente e mais destruidora, por razões óbvias, do que em outra situação; ninguém consegue tomar uma parte dos temas de interesse que faça sentido em referência ao todo, e que realmente o enriqueça, mas que também faça sentido individualmente. É suficiente examinar catálogos de obras literárias de vários países (principalmente aqueles cuja língua não seja familiar). Inevitavelmente, várias obras excelentes aparecerão nesse meio.

A filosofia não consegue tomar os mandamentos da fé religiosa, mas também não pode evitar totalmente o contato perigoso com os seus temas, porque a pergunta sobre o sentido faz sentido na tradição filosófica. Os filósofos tentavam frequentemente esclarecer, a seu modo, diversos temas da ciência, e isso em relação à física e à cosmologia é cada vez mais difícil, inclusive porque não entendem realmente tais ciências, como também porque, para pessoas sem estudo, a física e a cosmologia tornaram-se anti-intuitivas como nunca antes. Pode-se dizer que toda a física e a cosmologia modernas acumulam mais dificuldades diante da popular intuição. A descoberta de Copérnico era contrária à observação diária, mas foi possível explicá-la aos sem estudo. A física de Galileu talvez fosse um pouco mais difícil, mas a questão do movimento, também de alguma forma, pôde ser explicada às mentes mais simplórias. Com Newton foi ainda mais complicado, já que era difícil à simples intuição trazer ao conhecimento que somente a aceleração, e não o movimento, requer força. Enfim, a teoria da relatividade e a mecânica quântica conseguiram colocar a simples intuição em desespero: a relação da simultaneidade com o sistema de coordenadas é claramente anti-intuitiva; do mesmo modo, o pensamento de que a semelhança não é necessariamente dependente do nível de nosso conhecimento, mas está de alguma forma embutida nos próprios fundamentos do mundo, em que a realidade é construída em termos de probabilidade. Depois, tempos ainda piores vieram para nós, os laicos. Acontecia algumas vezes de os filósofos terem pensamentos que realmente serviam aos físicos, mas duvido muito que isso fosse possível hoje.

A quem então podem servir – para que público –, a não ser para seus próprios grupos? Não se sabe. Os filósofos no passado talvez não escrevessem para o povo, mas para as camadas educadas do todo; não para seus colegas, como Cartésio, Spinoza, Locke ou Hume, até mesmo Kant. A massa da produção filosófica acadêmica moderna provavelmente não é lida; espalha-se naturalmente porque existem muitas bibliotecas acadêmicas e universidades (mas todas as bibliotecas estão lotadas; é cada vez mais difícil guardarem tudo o que deveriam), nas quais a maioria publica sua revista filosófica junto com os outros; existem, é óbvio, manuais e popularizações, mas obras de trabalho filosófico adequado e original chegam, como parece, somente àqueles que se ocupam do mesmo tema: alguém que está escrevendo uma tese de doutorado sobre a estética de Kant precisa vasculhar o que foi publicado ultimamente, e sua tese será de certo também impressa, e o estudante seguinte, enredado no mesmo tema, provavelmente a lerá. Muitas dessas teses, certamente, mostram o conhecimento e a inteligência dos autores, mas a maioria cai no limbo das bibliotecas, por vezes, injustamente; outras, justamente.

Apesar disso, a filosofia não morre e não morrerá, porque, de alguma forma, o interesse da mente humana a mantém viva: nossa mente quer entender e saber o que é verdade e como reconhecê-la; quer saber o que é o mal ou o bem, ou a justiça, ou a causa, ou se a consciência é um fenômeno físico, ou como vem a certeza e no que ela se baseia, ou se nosso idioma ilustra o mundo de alguma forma, ou se o cria, ou por que se deve ser uma pessoa correta. Algumas dessas perguntas, na verdade, são respondidas por físicos, biólogos ou psicólogos, mas estes não respondem verdadeiramente a partir de sua posição de conhecimento científico, mas, de fato, aproveitam-se de sua autoridade científica com finalidades filosóficas; algo aceitável, mas nem a Física nem a Biologia nos dão esse tipo de respostas.

O chamado pós-modernismo destrói ou quer destruir a verdade como um valor separado da vida, um objetivo independente e válido: a verdade, no sentido tradicional, é uma superstição, ela pode não existir; nosso conhecimento é o produto de circunstâncias culturais mutantes, e, igualmente, a nossa confiança em sua validade; circundam-nos apenas artefatos pessoais, e do outro lado desses artefatos não existe nenhum ser verdadeiro ao qual tenhamos acesso; também não existe razão para se entristecer pela inconveniência, e menos ainda pela infelicidade, ou por considerar essa inabilidade como nossa; somente as profecias filosóficas envelhecidas mantêm viva a tola fé em alguns mundos inventados, cuja captura mental podemos perseguir. Assim, perdemos tempo e esforço à toa, em vez de empenhar-nos em tarefas reais, em especial naquilo que faz a vida mais feliz.

A minha profecia é tal que o pós-modernismo, nesse sentido, mostrar-se-á uma moda passageira (o que já está implícito na palavra "moda") e morrerá devagar, assim como morrerá o arrogante balbuciar dos pensadores franceses neopré-paleopós--modernistas. Prevejo que as preocupações filosóficas tradicionais não serão apagadas, e até retornarão às graças com maior ímpeto.

Por acaso li um artigo de certo físico em uma revista russa popular. Esse físico garante bem a sério que só mais duas gerações de pessoas viverão na Terra: os computadores estão melhorando e esse é um processo indefensável, ninguém conseguirá detê-lo; em um futuro próximo, atingirão o nível da inteligência das pessoas, e logo depois o superarão consideravelmente; nesse momento, as pessoas não lhes serão mais necessárias, então serão destruídas, e os computadores permanecerão sozinhos, apenas como uma nova fase da evolução.

Relembro essas bobagens, já que se pode, nesta ocasião, colocar uma pergunta: suponhamos que se cumpra esse cenário negativo; quais ensinamentos e quais conhecimentos os computadores cultivarão para que se mantenham na vida (?), melhorem e se mantenham seguramente? A matemática, a física, a cosmologia – sim, com certeza. A economia, a sociologia, o direito – não se sabe; isso depende do tipo de relações entre os computadores, mas prever algo assim não é possível (será que haverá inveja, concorrência, guerras, amizade, sexo?). A psicologia – não. A história provavelmente também não, porque, mesmo que pudessem se divertir com esse estudo, não teriam nenhum benefício prático; deve-se supor que os interesses dos computadores serão dirigidos somente por aspectos direcionados a si próprios. Será que serão capazes de criar obras de artes plásticas, de compor músicas? Mas para quê? Seguramente também não se ocuparão com a filosofia nem com os temas religiosos, já que saberão que nesses campos, mesmo que especialmente interessantes, não encontrarão nenhuma resposta por meios confiáveis que os computadores possam usar – aqui peço para não me dizer sobre a *fuzzy logic* (lógica confusa); não tem nada a ver com o tema. Então chegará enfim o tão esperado fim da religião e o fim da filosofia, e também, aproveitando a ocasião, o fim do gênero humano – sob a condição de que esse justamente será o destino das mudanças evolutivas.

É verdade que as várias áreas da humanística tentam se tornar ciência como tal usando ferramentas criadas pelas chamadas verdadeiras ciências, e avançar para métodos quantitativos. Às vezes, esses são esforços construídos com um esnobismo engraçado, quando o autor, em vez de declarar algum pensamento com palavras simples, troca essas palavras por vários símbolos, de forma que todo o seu texto pareça, ao primeiro olhar, uma obra matemática, e, caso se dê ao trabalho de aprofundar o sentido, a coisa se mostrará banal e nem um pouco precisa. Em outro lugar temos, porém, resultados reais. A história quantitativa tem, até onde sei, resultados bastante interessantes, embora não haja receio de que possa eliminar a historiografia humanística tradicional. Não lembro quem é o autor do dito de que a história está para a arqueologia assim como a alquimia está para a química, porém é certo que a arqueologia, essa ciência linda e digna de admiração (a qual eu conheço, infelizmente, muito pouco), tem resultados surpreendentes graças ao uso de métodos de química e de genética, mais otimizados, e de outras disciplinas.

Mas e a filosofia? Não, não esperamos tais revoluções; podem-se aplicar – e já se aplicam – computadores a temas interessantes, mas secundários, como a pesquisa da frequência de certas expressões usadas por Aristóteles ou Tomás de Aquino, e o estabelecimento de certos fatos ou cronologia; no entanto, o trabalho filosófico adequado não tem por que começar com computadores e cálculos; nenhum método quantitativo nos ajudará a estabelecer, por exemplo, se existem julgamentos sintéticos *a priori* e se a existência é um predicado real. Enquanto isso, a alma não sabe renunciar a essas e a outras incontáveis perguntas, e "a alma, quando quer, respira".

SOBRE O LIVRO

Formato: 14 x 21 cm
Mancha: 23 x 43 paicas
Tipologia: Iowan Old Style 10/14
Papel: Pólen Soft 80 g/m2 (miolo)
Cartão Supremo 250 g/m² (capa)
1ª edição: 2009

EQUIPE DE REALIZAÇÃO

Edição de Texto
Luciana Garcia (Copidesque)
Thaís Totino Richter e Alessandra Miranda de Sá (Revisão)

Capa
Estúdio Bogari

Editoração Eletrônica
Sergio Gzeschnik (Diagramação)

Impressão e Acabamento